Psychotherapie im Alter

Forum für
Psychotherapie,
Psychiatrie,
Psychosomatik
und Beratung

Herausgegeben von
Peter Bäurle, Münsterlingen; Johannes Kipp, Kassel; Meinolf Peters, Marburg/
Bad Berleburg; Hartmut Radebold, Kassel; Angelika Trilling, Kassel;
Henning Wormstall, Schaffhausen/Tübingen

||||||| |||||||||||||||||||||||||||||
I0130286

Beirat

Psychosozial-Verlag

PⅢV

Impressum

Psychotherapie im Alter
Forum für Psychiatrie, Psychotherapie,
Psychosomatik und Beratung

ISSN 1613-2637
2. Jahrgang, Nr. 5, 2005, Heft 1

ViSdP: Die Herausgeber; bei namentlich
gekennzeichneten Beiträgen die Autoren. Namentlich gekennzeichnete Beiträge
stellen nicht in jedem Fall eine Meinungs-
äußerung der Herausgeber, der Redaktion
oder des Verlages dar.

Erscheinen: Vierteljährlich
Herausgeber: Dr. Peter Bäurle, Dr. Johan-
nes Kipp, Dr. Meinolf Peters, Prof. Dr.
Hartmut Radebold, Dipl. Päd. Angelika
Trilling, PD Dr. Henning Wormstall

Die Herausgeber freuen sich auf die Ein-
sendung Ihrer Fachbeiträge! Bitte wenden
Sie sich an die Schriftleitung:
Dr. Johannes Kipp, Esther Buck Ludwig
Noll Krankenhaus, Klinik für Psychiatrie
und Psychotherapie
Klinikum Kassel
Dennhäuser Straße 156
34134 Kassel
Tel. 0561/48 04-0 · Fax 0561/48 04-402
E-mail: psychalter@yahoo.de

Redaktion und Satz
Literaturbüro Schreibschlüssel

Redaktionelle Unterstützung
C. Kühnemund

Umschlagentwurf und -gestaltung
Christof Röhl

Umschlagabbildung
Patientenzeichnung

Abonenntenbetreung, Verlag
Psychosozial-Verlag
E-mail: bestellung@psychosozial-verlag.de
www.psychosozial-verlag.de

Bezug
Jahresabo 49,90 Euro · 83,30 SFr (zzgl.
Versand)
Einzelheft 14,90 Euro · 25,90 SFr (zzgl.
Versand)
Studierende erhalten gegen Nachweis
25% Rabatt.
Bestellungen von Abonnements bitte
an den Verlag, Einzelbestellungen beim
Verlag oder über den Buchhandel. Das
Abonnement verlängert sich um jeweils
ein Jahr, sofern nicht eine Abbestellung
bis zum 15. November erfolgt.

Anfragen zu Anzeigen bitte an den Verlag:
E-mail: anzeigen@psychosozial-verlag.de

Die Herausgabe der Zeitschrift wird
dankenswerterweise durch die
Robert-Bosch-Stiftung gefördert.

PiA Heft 1/2005 Gruppentherapie

Editorial

Übersicht

Praxisbezogene Falldarstellungen

Anwendungsbezogene empirische Arbeiten

Eine Institution stellt sich vor

Zum Titelbild

Berichte und Besprechungen

Michael Hayne,
Dieter Kunzke (Hg.)

Moderne Gruppenanalyse

Theorie, Praxis und spezielle
Anwendungsgebiete

edition ■ psychosozial

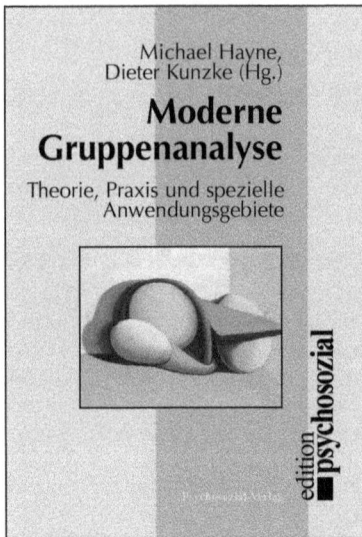

2004 · 334 Seiten · Broschur
EUR (D) 32,– · SFr 55,60
ISBN 3-89806-312-7

Das Buch »Moderne Gruppenanalyse« dokumentiert in 18 Beiträgen international renommierter Gruppenanalytiker den aktuellen Entwicklungsstand der Gruppenanalyse als Therapieform und Forschungsinstrument. Der von Beginn an als offenes Modell angelegte Ansatz von Foulkes verbindet heute mühelos neuere Erkenntnisse u. a. aus der Psychotraumatologie, der Säuglings- und Kleinkindforschung, der Bindungstheorie und der Neurobiologie, neben weiterführenden Überlegungen aus der Selbstpsychologie, der relationalen Psychoanalyse und der Objektbeziehungstheorie.

Das Buch ist in drei Teile gegliedert: Theorie, Praxis und spezielle Anwendungsgebiete. Nachdem im ersten Teil die Implikationen neuerer Forschungsbefunde für die Theorie der Gruppenanalyse dargestellt werden, geht es im zweiten Teil um die praktische Anwendung in erweiterten und modifizierten Behandlungsansätzen. Der dritte Teil gilt der Anwendung der Gruppenanalyse auf große Gruppen, im interkulturellen Feld, im stationären Setting und mit psychotischen und älteren Patienten.

Mit Beiträgen u. a. von Josef Shaked, Mario Marrone, Franco Paparo, Farhad Delal, Hilary Hall.

P▨V
Psychosozial-Verlag

Editorial

Gruppentherapie und Gruppenarbeit mit älteren Menschen – neuere Entwicklungen

Gruppenpsychotherapie ist die wohl am häufigsten angewandte Methode in der Psychotherapie mit älteren Menschen, deren Vorteile in der Literatur ausführlich beschrieben worden sind (Radebold 1983, Bechtler 2000, Schneider u. Heuft 2001, Kipp u. Peters in diesem Heft). Die von Matthias Hirsch (2004) vertretene Auffassung, nach der in der analytischen Gruppe die Frage nach dem Sein und der Identität besonders eindringlich gestellt wird, dürfte auch, ja vielleicht sogar in besonderer Weise für Ältere gelten. Diese grundlegende Thematik zu bearbeiten, ist nicht die einzige Chance, die Gruppentherapie mit Älteren bietet. Doch diese und andere Vorteile sind schon mehrfach beschrieben worden und werden auch in dem hier vorliegenden Heft zur Sprache kommen.

Damit allein wäre jedoch nichts Neues hinzugefügt und eigentlich kein Grund gegeben, das Thema erneut auf die Tagesordnung zu setzen. Was mich veranlasst hat, ein Themenheft zur Gruppentherapie und Gruppenarbeit mit Älteren zusammen zu stellen, ist die immer größer werdende Vielfalt an Ansätzen, Methoden und Verfahren in der therapeutischen Arbeit mit älteren Menschen. Dabei sind die Übergänge von der Gruppentherapie zur Gruppenarbeit, in der pädagogische oder sozialtherapeutische Zielsetzungen im Vordergrund stehen, fließend. Man kann in dieser Entwicklung zweifellos eine professionelle Kreativität erblicken, die immer neue Ansätze hervorbringt, die sich zum Teil erheblich von der Therapiemethode entfernen, von der sie eigentlich ausgegangen sind. Anhänger einer integrativen Psychotherapie könnten darüber erfreut sein, könnten sie aus dieser Entwicklung genau solche integrativen Tendenzen herauslesen.

Tatsächlich sind die Grenzen zwischen den Therapieschulen im Bereich der Alterspsychotherapie weniger eng gezogen als anderswo. Dennoch wäre eine solche Interpretation wohl zu gewagt und auch kritisch zu reflektieren. Wie auch immer man dazu stehen mag, stellt sich die Frage nach den Gründen für die auch in diesem Heft nicht zu übersehende Entwicklungstendenz.

Mir scheinen zwei, sich allerdings widersprechende Gründe in diesem Zusammenhang von Bedeutung zu sein: Als erstes ist wohl an das zu denken, was uns die Gerontologie immer wieder vor Augen geführt hat, nämlich an die Pluralität des Alters. Dass die Menschen im Alter unterschiedlicher werden, ist eine ihrer fundamentalen Aussagen; dass sich dies auch bei einem psychotherapeutischen Inanspruchnahmeklientel wieder findet, konnten wir empirisch nachweisen (Peters et al. 2000).

Wir sind ohne Frage gut beraten, dies in der Psychotherapie zur Kenntnis zu nehmen und uns darauf einzustellen, dass auch die Älteren, die eine Behandlung suchen, sehr unterschiedlich sind. Dies ernst zu nehmen heißt, dass nicht alle von dem gleichen Vorgehen und vermutlich auch nicht von dem gleichen Verfahren werden profitieren können. Vielmehr sollten unterschiedliche Angebote bereitgehalten werden, d. h. der Pluralität des Alters sollte eine ebensolche Pluralität in der Psychotherapie folgen. Genau dies scheint in der Gruppentherapie der Fall zu sein, wie die vielfältigen Angebote erkennen lassen.

Einschränkend ist allerdings festzustellen, dass dies wohl nur für den stationären, nicht jedoch für den ambulanten Bereich gilt, in dem wir kaum spezifische Angebote für Ältere finden, jedenfalls dann nicht, wenn wir im Bereich der Psychotherapie bleiben. Doch es gibt andere Einschränkungen, genauer gesagt, Bedenken, die dieser positiven Sicht gegenüber gestellt werden sollten. Könnte nicht die Suche nach immer neuen Varianten aus der Erfahrung resultieren, dass Gruppentherapie mit Älteren in der klinischen Praxis keineswegs so unproblematisch ist, wie es manchmal in der Literatur erscheint? Ist der zu beobachtende Prozess der immer neuen Ausgestaltung nicht auch als Ausdruck der Probleme in der Anwendung der Gruppentherapie bei Älteren zu verstehen, Probleme, die in der Literatur kaum einmal eingehender behandelt werden, geht es hier doch fast ausschließlich um die positiven Aspekte. Wären wir nicht gut beraten, skeptischer und kritischer zu sein und uns etwa von der Tatsache nur spärlich vorliegender Wirksamkeitsnachweise irritieren zu lassen. Mich selbst beschleichen immer wieder Zweifel, ob die von uns so nachdrücklich postulierten Vorteile tatsächlich immer gegeben sind, manches Mal vermag ich sie im klinischen Alltag nicht zu erkennen. Fragt man die Älteren selbst, dann scheinen diese von unseren gut gemeinten Gruppenangeboten keineswegs immer so begeistert zu sein, wie sie es eigentlich unseren Theorien zufolge sein müssten.

Wir möchten deshalb mit diesem Heft zum einen die Vielfalt und die dabei zum Ausdruck kommende Kreativität heutzutage praktizierter Ansätze in der Gruppentherapie mit Älteren sichtbar machen; der Schwerpunkt wird auf der Gruppentherapie, weniger der pädagogischen und sozialtherapeutischen Gruppenarbeit liegen. Dabei kommt es uns weniger auf die theoretischen Hintergründe an, die ohnehin oftmals wenig ausgearbeitet sind, sondern mehr auf die praktische Vorgehensweise und die klinischen Implikationen an. Zum anderen möchten wir aber auch zu einer gewissen Nachdenklichkeit anregen und dazu ermutigen, eine kritische Distanz einzunehmen, auch wenn dies dem Mainstream zuwider läuft. Dazu sollte uns unser Verantwortungsbewusstsein veranlassen, um das so nützliche und unverzichtbare Instrument der Gruppentherapie nicht einer impliziten Entwertung preiszugeben, sondern so sorgfältig wie nur möglich zu handhaben und nur dann anzuwenden, wenn wir sicher sein können, dass es dem Wohle des Patienten dient.

Meinolf Peters

Literatur

Bechtler H (2000) Gruppenpsychotherapie mit älteren Menschen. München (Reinhardt).

Hirsch M (2004) Gedanken zum Schwinden der Attraktivität analytischer Gruppenpsychotherapie. Gruppenpsychotherapie und Gruppendynamik, 40, 164–179.

Peters M, Lange C, Radebold H (2000) Psychotherapiemotivation älterer Patienten in der Rehabilitationsklinik – Eine empirische Studie. Zeitschrift für Psychosomatische Medizin und Psychoanalyse, 46, 259–273.

Radebold H (Hg) (1983) Gruppenpsychotherapie im Alter. Göttingen (Vandenhoeck & Ruprecht).

Schneider G, Heuft G (2001) Gruppenpsychotherapie mit alten Menschen. In: Tschuschke V (Hg) Praxis der Gruppenpsychotherapie. Stuttgart New York (Thieme) 312–318.

Korrespondenzadresse

Dr. phil. Meinolf Peters
Schwanallee 48a
35037 Marburg
E-Mail: Meinolf-Peters@t-online.de

André Karger
Rudolf Heinz(Hg.)

Trauma und Gruppe

Psychoanalytische,
philosophische und
sozialwissenschaftliche
Perspektiven

Psychosozial-Verlag

edition ∎psychosozial

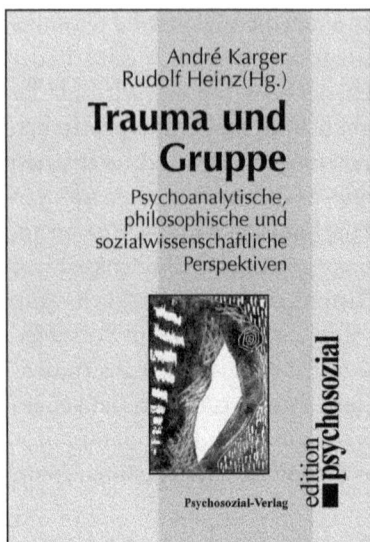

2004 · 140 Seiten · Broschur
EUR (D) 19,90 · SFr 34,90
ISBN 3-89806-201-5

In den Diskussionen um die Frage nach Ursachen und Folgen gesellschaftlicher Gewalt hat der Begriff des kollektiven Traumas zunehmend an Bedeutung gewonnen. Unter diesem Begriff werden Reaktionsmuster auf massenhafte Gewalt, einschließlich deren Langzeitwirkungen, verstanden.

Analog dem Verständnis des individuellen Traumas, ist die Annahme solcher spezifischen Reaktionstypen von Kollektiven und Kulturen auf extreme Gewalterfahrung intuitiv durchaus plausibel. Jedoch fehlen bisher angemessene Konzeptualisierungen dazu. Dieser Band stellt eine erste interdisziplinäre Annäherung dar.

Mit Beiträgen von: André Karger, Rudolf Heinz, Reinhold Görling, Bernd Klose, Hans-Jürgen Wirth, Hajo Schmidt

P🔲V
Psychosozial-Verlag

Praxis der Gruppentherapie mit älteren Menschen – eine Übersicht

Johannes Kipp und Meinolf Peters

Zusammenfassung

Gruppentherapien mit Älteren werden vor allem im institutionellen Bereich häufig durchgeführt und sind unverzichtbare Bestandteile der klinischen Psychotherapie. Im Vergleich zu jüngeren Patienten haben Ältere häufig mehr Vorbehalte gegen die Therapie in Gruppen, was hier eingehend reflektiert wird. Vor allem die Praxis der psychodynamischen und kognitiv-behavioralen Gruppentherapie mit Älteren wird ausführlich mit dem Ziel beschrieben, Anregungen für die eigene therapeutische Praxis zu liefern.

Stichworte: Gruppentherapie, Psychotherapie mit Älteren

Abstract: Practice of Group Therapy with Elderly People – an Overview

Group therapy with elderly patients usually is carried out in a clinical setting as an indispensable component of clinical psychotherapy. The fact that the elderly tend to be more reserved towards group therapy than younger patients is reflected upon. Psycho-dynamic and cognitive-behavioural group therapies are described in some detail; there are also suggestions on how to further improve on the psychotherapeutic treatment of the elderly.

Key words: Group therapy, psychotherapy, elderly

Einleitung

Gruppentherapien bei älteren Menschen werden in den letzten 30 bis 40 Jahren häufig angewandt (Übersichten bei Radebold u. Schlesinger-Kipp

1983 und Bechtler 2000). Die praktizierten Formen weisen eine große Vielfalt auf und sind zum Teil vergleichsweise wenig an spezifischen Therapierichtungen orientiert. Dies ist auf die zahlreichen Modifikationen zurückzuführen, die im Hinblick auf die Behandlung Älterer vorgenommen wurden.

Gruppenarbeit mit älteren Menschen erfreut sich auch in der sozialen Altenarbeit und der Altenhilfe einer großen Beliebtheit. In dem vorliegenden Überblick werden wir uns allerdings auf therapeutische Ansätze beschränken, um hier eine Orientierung im Hinblick auf praxisbezogene Gesichtspunkte zu schaffen; die allgemeineren und theoretischen Überlegungen werden hingegen nur am Rande aufgegriffen. Die Übersicht stützt sich vornehmlich auf deutschsprachige Arbeiten, ein Überblick über die englischsprachige Literatur bietet die Darstellung von Schneider und Heuft (2001).

Warum werden Gruppentherapien bei älteren Menschen häufig angewandt?

Ältere Patienten stehen einer Gruppentherapie häufiger skeptisch oder ablehnend gegenüber als jüngere (Peters et al. 2002). Auf die Frage, wie hilfreich einzelne Behandlungselemente in einer psychosomatischen Rehabilitationsklinik erlebt wurden, lag Gruppenpsychotherapie bei den jüngeren Patienten auf dem zweiten, bei den älteren erst auf dem achten Platz. Worauf ist diese Bewertung zurückzuführen und was spricht dennoch für Gruppentherapieangebote bei Älteren?

Die heute älteren Menschen haben ihre prägenden Gruppenerfahrungen nicht nur in ihren zumeist kinderreichen Herkunftsfamilien gemacht, sondern auch durch die Teilnahme an den Jugendorganisationen des Dritten Reiches gesammelt, die auch im Alter häufig noch positiv besetzt sind. Das offene Äußern von Gefühlen von privaten oder familiären Problemen war in solchen Gruppen verpönt. Die in diesem Klima entstandenen Kommunikationshemmnisse bestanden auch in der Nachkriegszeit zunächst fort und wurden erst durch den gesellschaftlichen Aufbruch der 68er Jahre in Frage gestellt. Die heute Alten befanden sich in dieser Zeit im mittleren Erwachsenenalter und standen dem damaligen Aufbruch mehrheitlich ablehnend oder sogar feindlich gegenüber. Auch wenn Ältere von dem sich verändernden gesellschaftlichen Klima nicht unbeeinflusst geblieben sind, so wirken doch die verinnerlichten Werte und Normen fort, die eine Selbstöffnung begrenzen.

Gefühle der Scham halten sie oft davon ab, sich offen zu äußern und über Sorgen und Nöte zu berichten. Viele hegen auch die Befürchtung, durch Schilderung des eigenen Leids andere zu belasten, bzw. durch Schilderungen anderer belastet zu werden.

Erschwerend wirken sich manchmal auch narzisstische Probleme aus, die bei zahlreichen Älteren infolge des Alternsprozesses in den Vordergrund treten. Zum Schutz des eigenen Selbstwertgefühls spielen Abgrenzungsbemühungen gegenüber anderen eine bedeutsame Rolle. Die gerontologische Forschung zeigt, dass soziale Vergleichsprozesse im Alter zur Stabilisierung des eigenen Selbst eingesetzt werden; insbesondere Abwärtsvergleiche gegenüber denen, denen es vermeintlich schlechter geht oder die eingeschränkter sind, schützen das eigene Selbst (Filipp u. Mayer 1999). Eine empathische Bezugnahme auf andere kann dadurch erschwert sein.

Es ist somit von Vorbehalten bei Älteren gegenüber Gruppentherapien auszugehen. Darauf mag auch zurückzuführen sein, dass Gruppentherapien mit Älteren vorwiegend in Institutionen, kaum jedoch ambulant durchgeführt werden, weil hier eine größere Eigenmotivation und eine höhere Bereitschaft zur Selbstöffnung Voraussetzung ist.

Doch diesen Bedenken stehen zahlreiche Vorteile gegenüber, die für die Durchführung von Gruppentherapien mit älteren Menschen sprechen:

- Ältere Menschen sind durch die gleiche historische Zeit geprägt und haben dadurch vergleichbare Lebenserfahrungen, Lebensgewohnheiten und Einstellungen erworben. Durch diesen gemeinsamen Lebenshintergrund sind zahlreiche Anknüpfungsmöglichkeiten gegeben, die eine Kontaktaufnahme erleichtern und rasch ein Gefühl der Gemeinsamkeit entstehen lassen. Therapeutisch kann dies im Hinblick auf eine Auseinandersetzung mit der eigenen Lebensgeschichte genutzt werden.
- Die besondere Regressionsneigung in Gruppen (Bechtler 2000) kann darüber hinaus zur Reaktivierung lebensgeschichtlich bedeutsamer Konflikte führen; so können etwa lebenslang wirksame ödipale Konflikte oder Gefühle von Geschwisterneid in Gruppen gut durchgearbeitet werden.
- Die Konfrontation mit dem Alter und den altersspezifischen Entwicklungsaufgaben, die alle zu bewältigen haben, schafft weitere Gemeinsamkeiten (Radebold 1992). Damit können Lernprozesse initiiert werden und Gefühle entstehen, nicht allein vor existenziellen Herausforderungen zu stehen. Yalom (1996) hatte diesen Gruppenwirkfaktor

als die »Universalität des Leidens« beschrieben, der gerade bei Älteren positiv zur Wirkung kommen kann.

– Ältere stehen häufig vor der Aufgabe, neue Beziehungen knüpfen zu müssen. Die Gruppe bietet ein geeignetes Übungsfeld, um verloren gegangenes Vertrauen in andere zurückzugewinnen, Kommunikation wieder zu erlernen und die Beziehungsfähigkeit zu verbessern.

Neben positiven Indikationskriterien tragen vermutlich weitere, eher problematische Faktoren dazu bei, Gruppenverfahren bei der Arbeit mit Älteren einzusetzen:

– Jüngere Therapeuten scheuen aufgrund der eigenen Gegenübertragung häufig einen allzu engen Kontakt mit älteren Patienten, in dem sich Konflikte mit den eigenen Eltern wiederholen könnten.

– Sie werden außerdem in der Arbeit mit Älteren mit ängstigenden Vorstellungen konfrontiert, was im Alter auf sie selbst zukommen kann. In der Gruppe hoffen sie, diesen Erfahrungen ausweichen zu können, wenn die Älteren untereinander ihre altersspezifischen Schwierigkeiten austragen.

– Mit gruppentherapeutischen Angeboten kann eine größere Zahl von Menschen erreicht und versorgt werden. In Zeiten zunehmender ökonomischer Zwänge dürfte dieser monetäre Aspekt sich besonders in Kliniken auswirken.

Die Reflexion der Vor- und Nachteile einer Gruppenteilnahme schützt vor einer unkritischen Präferenz der Gruppenbehandlung und soll deutlich machen, dass auch im Alter eine individuelle Indikationsstellung notwendig ist.

Altershomogene oder altersheterogene Gruppen?

In der Praxis stellt sich immer wieder die Frage, ob eine Gruppe nur aus Älteren zusammengesetzt oder altersgemischt sein sollte. Soviel ist sicher, einzelne ältere Menschen in einer Gruppe mit jüngeren haben Schwierigkeiten, sie geraten rasch in eine (Groß-) Elternposition und ziehen massive Übertragungen auf sich, der sie sich meist nicht gewachsen fühlen. Der umgekehrte Fall, in dem ein oder zwei Jüngere an einer Gruppe Älterer teilnehmen, dürfte für diese allerdings ebenso ungünstig sein.

Für altershomogene Gruppen sprechen mehrere Gründe:

– Nach Verlusten und nach Todesfällen stehen viele Ältere vor der Aufgabe, Gleichaltrigenbeziehungen in ihrem Leben mehr Gewicht zu geben. Gerade wenn Eltern und Kinder zuvor im sozialen Beziehungsnetz im Vordergrund standen, ermöglicht eine altershomogene Gruppe die Verbesserung der Kontakte zu Gleichaltrigen. Dadurch werden die eigenen Kinder, an die sich die Älteren nach Verlusten oft klammern, entlastet.
– Altershomogene Gruppen schaffen ›Schutzzonen‹, in denen ein Altersgruppenbewusstsein entstehen kann, das dabei hilft, eine altersentsprechende Identität zu entwickeln.
– Homogene Gruppen sind außerdem immer dann günstiger, wenn die Teilnehmer nicht bereits die Voraussetzungen mitbringen, die erforderlich sind, um sich auf einen offenen Austausch einzulassen (Barde 1994). Diese Bereitschaft dazu fehlt bei zahlreichen Älteren aus den beschriebenen Gründen.
– Schließlich ist aus der Gruppenpsychotherapieforschung bekannt, dass in homogenen Gruppen rascher eine Gruppenkohäsion entsteht (Tschuschke 2004). Gruppenkohäsion, d. h. der Zusammenhalt und das Gefühl der Zusammengehörigkeit in der Gruppe, ist den empirischen Befunden zufolge ein wichtiger therapeutischer Wirkfaktor.

Dennoch lassen sich auch Gründe für altersgemischte Gruppen finden. Insbesondere die jüngeren Alten, die sich selbst von ihrem inneren Erleben her noch den Jüngeren zugehörig fühlen, vermeiden oftmals eine Auseinandersetzung mit dem eigenen Lebensalter. Eine Altersmischung entspricht dann den Wünschen, die sie selbst haben. Allerdings ist dabei zu bedenken, dass damit auch die Abwehr gestützt wird.

In altersgemischten Gruppen ist aufgrund des intergenerativen Spannungsfeldes oft ein höheres Konfliktpotential vorhanden. Dies kann auch eine Chance bedeuten, wenn bei den Beteiligten die Bereitschaft vorhanden ist, sich mit diesen Konflikten auseinander zu setzen.

Es sprechen also mehr Argumente für altershomogene als für altersheterogene Gruppen. In stationären Einrichtungen mit mehreren Gruppenangeboten kann ein gemischtes Setting angeboten werden, indem zum Teil eine Altersmischung, zum Teil eine Altershomogenität hergestellt wird (Peters 1995), wodurch die Vorteile beider Formen der Gruppenarbeit wirksam werden können.

Gruppenmethoden mit älteren Menschen – ein Orientierungsschema

In der Literatur gibt es einige Versuche, die Vielfalt der methodischen Ansätze zu ordnen. Entsprechend dem Stand der Gruppendiskussion Anfang der 80er Jahre unterscheiden Radebold u. Schlesinger-Kipp (1983) in ihrem Literaturbericht folgende Gruppenverfahren:

1. Gruppenpsychotherapie als analytische Gruppenpsychotherapie oder Therapie mit einem sozialkommunikativen bzw. psychodynamischen Ansatz
2. Programmorientierte Übungs- und Trainingsgruppen
3. Pädagogisch orientierte Gruppenarbeit
4. Gesprächskreise
5. Aktivitäts- und Interessengruppen,
6. Funktionale Gruppen zur Selbsthilfe, Selbstorganisation und Selbstverwaltung

Im Lehrbuch der Alterspsychotherapie (Heuft et al. 2000) finden sich zusätzliche Stichworte wie Life-Review-Group-Therapy und supportive Gruppentherapien.

Wir orientieren uns bei unserer Übersicht an Schneider u. Heuft (2001) und teilen die Gruppenaktivitäten folgendermaßen ein:

1.   Verbale Gruppenpsychotherapie
1.1. Psychodynamische Gruppenpsychotherapie
1.2. Kognitiv-behaviorale Gruppenpsychotherapie
1.3. Live-Review bzw. Reminiscence
1.4. Gruppenpsychotherapien für bestimmte Zielgruppen: Suchtpatienten, Kriegsveteranen, Witwen, belastete Pflegepersonen etc.
1.5. Gruppenpsychotherapeutische Angebote für kognitiv Beeinträchtigte
2.   Körperorientierte und kreative Methoden
2.1. Tanz- und Bewegungstherapie
2.2. Musiktherapie
2.3. Kunsttherapie
2.4. Psychodrama

Die publizierten Gruppenerfahrungen mit Älteren im deutschen Sprachraum werden nach dieser Einteilung beschrieben und zusammengefasst. Die Gruppen werden vorwiegend im stationären oder tagesklinischen Bereich durchgeführt. Ambulante Patientengruppen mit Älteren werden eher selten beschrieben (Kemper 1995). Die Schwere der Störung wird in der Literatur nicht immer deutlich. In psychiatrischen Kliniken sind es häufig die über 70jährigen schwerkranken Patienten, während in psychosomatischen Kliniken häufiger die »Jungen Alten« behandelt werden. Außerdem gibt es ambulante Gruppenangebote, bei denen die Mitglieder durch Zeitungsanzeigen (z. B. Hautzinger 1997) rekrutiert wurden. An solchen Gruppen nehmen dann ältere Menschen teil, die nicht oder noch nicht in dem Ausmaß wie stationär behandelte Ältere beeinträchtigt sind.

Bei Älteren kann grundsätzlich von denselben Indikations- bzw. Ausschlusskriterien, wie bei Gruppenbehandlungen allgemein ausgegangen werden, auch wenn jeder Form der Gruppentherapie spezifische Indikationen zugrunde liegen.

Praxis der psychodynamischen Gruppenpsychotherapie

Gruppenindikation

In einem Interview zur Gruppentherapie mit der Kasseler Arbeitsgruppe »Psychoanalyse und Altern« (Maiwald 1990) werden Indikationen und Kontraindikationen für die psychodynamischen Gruppentherapien diskutiert. Vor allem die stationär arbeitenden Therapeuten sehen die Möglichkeit einer breiten Indikationsstellung. Nur Menschen mit einer starken Schwerhörigkeit, einer akuten Psychose oder einer manifesten Sucht kommen danach nicht für eine Gruppentherapie in Frage.

Auch die Diagnose ist bei der Zusammenstellung einer Gruppe von Bedeutung. Patienten mit einer beginnenden demenziellen Erkrankung profitieren wenig in einer Gruppe mit neurotischen oder funktionellen bzw. psychosomatischen Erkrankungen. Eine ausgewogene Mischung verschiedener Neuroseformen hat sich, wie bei jüngeren Patienten, als günstig erwiesen. Falls depressive Patienten in der Gruppe überwiegen, kann ein depressiver Sog einen konstruktiven Prozess erschweren (Kipp 1995).

Da bei den Alterspatienten der Frauenanteil überwiegt, erweist es sich häufig als unmöglich, eine Gruppe mit ausgeglichener Geschlechtermischung zusammenzustellen. Männer haben deshalb häufiger einen Minderheitenstatus, was mit der Gefahr des vorzeitigen Abbruchs verbunden ist.

Im ambulanten Bereich liegen unterschiedliche Erfahrungen vor, welche Älteren von einer Gruppe profitieren können. Während die Gruppe mit neurotisch Kranken in einer Institutsambulanz, über die Radebold et al. (1987) berichten, sich als hilfreich und klinisch effektiv erwies, traten große Schwierigkeiten in einer Gruppe von Menschen nach Suizidversuchen auf: Die »Bewältigung aggressiver Regungen durchzog die gesamte Gruppendauer als beherrschendes Thema. Die Beendigung der Gruppenpsychotherapie hatten die Patienten unter sich beschlossen.« (Radebold 1992, S. 109). Das Angebot einer halboffenen Gruppe mit breiterer Indikation für Patienten mit chronischen psychischen Krankheiten musste nach kurzer Zeit beendet werden, da die Patienten zu den Gruppenterminen teils nicht erschienen und so, ohne etwas zu besprechen, die Gruppe torpedierten.

Nicht alle älteren Menschen gehen also »gut erzogen« und pflichtbewusst mit Gruppentherapieangeboten um. Sie agieren teilweise mehr versteckt, teilweise aber auch sehr offen aggressive Impulse aus und sind tendenziell schneller frustriert als jüngere Patienten. Solche Erfahrungen sind wahrscheinlich dafür verantwortlich, dass nur wenige Therapeuten (Kemper 1995) ältere Menschen in ambulanten Gruppen behandeln.

Anfangsphase einer Therapiegruppe

»Ältere benötigen den direkten Kontakt und damit die direkte Ansprache bzw. Deutung.« (Radebold 1992, S. 188). Eine hohe Aktivität von Seiten der Therapeuten ist erforderlich, um ein Arbeitsbündnis aufzubauen. Dies wird allerdings von Bechtler (2000) auch problematisiert. Schwierig ist es, wenn Gruppen in der ersten Phase der Rollenabhängigkeit quasi stecken bleiben, in einer Regression, die nicht selten durch das aktive Verhalten des Gruppenleiters unterstützt wird (S. 79). Günstig ist es, wenn die Gruppen halboffen (slow-open) durchgeführt werden. In geschlossenen Gruppen ist es kaum möglich, wenn es zu Krankheitsausfällen kommt – und diese sind bei Älteren häufig – neue Teilnehmer zu integrieren. Außerdem besteht bei älteren Patienten manchmal eine gewisse Unzuverlässigkeit (Maiwald 1990), es kommt gelegentlich vor, dass sie plötzlich ohne Ankündigung von der Gruppe wegbleiben. Zusammenfassend sprechen die berichteten Erfahrungen dafür, dass es schwieriger ist, ein zuverlässiges Arbeitsbündnis zu etablieren. Läuft eine Gruppe jedoch längere Zeit, so wächst meist eine Kerngruppe zusammen, die ein besonderes Zusammengehörigkeitsgefühl entwickelt.

Übertragung

Jüngere Gruppenleiter werden zunächst idealisiert und kommen meist in die Rolle eines Kindes, das in einer narzisstischen Übertragung als »der gute Sohn« oder »die gute Tochter« erlebt wird (Bechtler 2000, S. 62). Dem Gruppenleiter werden dann körperliche Beschwerden geklagt und – im Verlauf – Gefühle der Enttäuschung und Hoffnungslosigkeit in ähnlicher Weise entgegengebracht, wie man sie den eigenen, insgesamt enttäuschenden Kindern gegenüber empfindet (S. 63). Durch die »Verstärkerwirkung« der Gruppe steigert sich der emotionale Druck dieser allmählich negativ werdenden Übertragung (S. 63).

Eher selten stellen sich von vornherein klassische Elternübertragungen auf den Therapeuten ein (S. 65), wobei dann reflektierte Formen der Selbstinterpretation des Therapeuten zum Abbau von Omnipotenzerwartungen beitragen können. »Wenn auch jedes Mitglied der Gruppe das Gefühl haben sollte, vom Leiter in seiner Individualität wahrgenommen zu werden, sollten ›exklusive‹ Beziehungen zum Therapeuten verhindert werden.« (S. 66). Mechanismen der Projektion bzw. projektiven Identifizierung kommen zum Tragen, wenn einzelne Gruppenmitglieder zu »Problemträgern« gemacht und so in eine »Sündenbockrolle« kommen würden.

Auf einen anderen Aspekt der Übertragung weist Thilo (1979) hin. Seinen Erfahrungen zufolge bestehe eine größere Distanz zwischen einer Gruppe Älterer und dem Therapeuten, was damit zu tun habe, dass die Gruppe in ihm eine Respektsperson sehe. Dieser komme dann in der Gegenübertragung in die Versuchung, die eigene Omnipotenz auszuleben. Der Gruppenleiter kann aber auch häufig heftigen aggressiven Übertragungen ausgesetzt sein (Radebold 1992, Bechtler 2000, Kipp u. Jüngling 2000), die schwer auszuhalten sind und kontinuierliche Supervision notwendig machen.

Entwicklungsaufgaben

Während bei den 60–70jährigen Patienten nach den Erfahrungen Radebolds (1992) die zukünftige Lebensperspektive noch eine große Rolle spielt, blicken die 70 bis 80 jährigen Frauen häufig voll Resignation auf ihr nicht gelebtes Leben und auf ungelöste Konflikte zurück. Ziel der psychodynamischen Gruppen ist es, neurotische Konflikte zu bearbeiten und nicht in der Gruppe eine gemeinsame Lebensplanung zu machen, obwohl Anregungen für die Lebensgestaltung eine höhere Bedeutung haben als in Gruppen mit jüngeren Patienten.

Besondere Themen Älterer

Ältere halten sich aus Angst vor Beschämung mit persönlichen Problemen vor Jüngeren eher zurück (Bechtler 2000, S. 89). Viele ältere Menschen haben die Schwierigkeit, ihre Anliegen in die Gruppen einzubringen. Unverbindlich anmutende Aussagen sollten durch den Gruppenleiter verdeutlicht und »zugespitzt« werden, damit sie der allgemeineren Diskussion in der Gruppe zugänglich werden (ebd. S. 100). Auf diese Weise gelinge es, das gemeinsame Gespräch in der Gruppe quasi zu erlernen und zu üben. Beispielsweise berichten ältere Patienten von Erfahrungen der Unsicherheit und Fremdheit und von der Angst vor Überfällen in einer ihnen nicht mehr vertrauten Welt und bringen damit auch ihre in der ihnen fremden Gruppensituation bestehenden Ängste zum Ausdruck. Wesentlich ist es auch, aufkommende erotische Signale und versteckte Hinweise auf das Thema Tod und Sterben in Gruppen mit Älteren aufzunehmen (Bechtler 2000, S. 75).

Widerstand und Deutung

Die Aggressions- und Destruktionsproblematik hat in vielen Alterstherapiegruppen einen hohen Stellenwert, auch Schweigen ist häufig mit einer Aggressionsproblematik verbunden. Ein direktes Ansprechen der Aggression bringt jedoch selten Bewegung in eine solche Gruppe, weil gleichzeitig bestehende Über-Ich-Einschränkungen eine offene Auseinandersetzung mit destruktiven Impulsen erschweren. Vielmehr ist es sinnvoll, zunächst reifere, trianguläre Beziehungskonstellationen zu deuten (Kipp u. Groß 2004) und erst danach narzisstische Kränkungskonflikte zu thematisieren.

Bechtler (2000) rät davon ab, die Gruppe Älterer als Ganzes zu deuten, weil dadurch die Regressionstendenz der Gruppe zu stark wird. Ein gegenseitiges Ratgeben in Gruppen Älterer wirkt dieser Regression entgegen und sollte vom Therapeuten unterstützt werden. Es kann sich als therapeutischer Faktor positiv auswirken, hat aber auch Widerstandscharakter gegen unbewusste Gruppenprozesse. Schwieriger ist die Widerstandsform des Schweigens, das manchmal nur durch Interventionen an die Gesamtgruppe unterbrochen werden kann. Auch das »Vielreden« einzelner Gruppenmitglieder kann Widerstandsfunktion haben. Ein solches monopolisierendes Verhalten führt in der Gruppe häufig zu Frustration und latentem Groll.

Häufig kommt es auch in Gruppen zur Abwehr durch Verschiebung. Wird beispielsweise Kritik am einzigen männlichen Gruppenmitglied festgemacht, so kann damit tatsächlich auch der männliche Gruppenleiter gemeint sein (Bechtler 2000, S. 74).

Kognitiv-behaviorale Gruppenpsychotherapie

In der verhaltenstherapeutischen Gruppentherapie kann man heute auf ein breites Methodenarsenal zurückgreifen (Fiedler 2001). Inzwischen sind auch einige Programme zur Behandlung Älterer publiziert worden. Das erste Manual zum Selbstsicherheitstraining für allein stehende ältere Frauen über 60 Jahren stammt wohl von Rupp (1974). Während Rupp in sein Training allein stehende, aber nicht unbedingt psychisch auffällige Ältere einbezog und damit eine eher präventive Zielsetzung verfolgte, hat Stuhlmann (1992) ein ähnliches Trainingsprogramm für gerontopsychiatrische Patienten entwickelt. Dabei stehen Rollenspiele, in denen selbstsicheres Verhalten mit Hilfe von Feed-back, Fremdverstärkung und Modelllernen eingeübt werden soll, im Vordergrund. In beiden Programmen werden altersrelevante Situationen ausgewählt, wie z. B. die auftretende Notwendigkeit, um Hilfe zu bitten.

Neuerdings wird auch über eine Anwendung des in der Verhaltenstherapie inzwischen etablierten Selbstsicherheitstrainings von Hinsch und Pfingsten (1983) bei älteren, geriatrischen Patienten berichtet (Stahl 2004). Zentriert wird dabei ebenfalls auf die bei Älteren besonders häufig anzutreffenden Schwierigkeiten, eigene Meinungen, Gefühle und Wünsche angemessen zu äußern, um Hilfe zu bitten sowie Kontakte zu knüpfen und zu pflegen. Auch hier wird nach einem festen ›Drehbuch‹ vorgegangen, d. h. die einzelnen Sitzungen sind in hohem Maße strukturiert.

Am bekanntesten aber ist das Depressions-Programm von Hautzinger (2000). Das Programm umfasst 12 Sitzungen und ist für Gruppen von 5 bis 7 Personen im Alter von 65 bis 85 Jahren geeignet. Hautzinger geht davon aus, dass depressive Störungen bei Älteren begünstigt werden, wenn sie an Zielvorstellungen festhalten, die nicht länger realisierbar sind und sie ihr Anspruchsniveau nicht den Gegebenheiten anpassen. Dies ist der Fall, wenn es zur Bewältigung neuer Situationen an Fertigkeiten, instrumentellen Verhaltensweisen und Problemlösefähigkeiten fehlt und eine soziale Unterstützung nicht ausreichend vorhanden ist. Berücksichtigt wird aber auch die frühere Lerngeschichte, die zu einem Attributionsstil (Zuschreibungsstil) geführt hat, bei dem Misserfolge und negative Erfahrungen sich selbst, positive Erfahrungen aber anderen oder dem Zufall zugeschrieben werden.

Von diesen komplexen Vorstellungen ausgehend werden im Depressions-Programm die unterschiedlichsten Methoden mit dem Ziel kombiniert, über Enttäuschungen und Hilflosigkeit zu sprechen, Verständnis und Ermunterung zu erfahren, neue Sozialkontakte zu knüpfen, neue Verhaltensweisen zu erproben und die eigenen Ziele und Ansprüche zu hinterfragen und anzupassen.

Wie in der Verhaltenstherapie üblich wird sehr strukturiert vorgegangen, so dass jede Sitzung inhaltlich und methodisch vorstrukturiert ist. So beginnt jede Sitzung mit einer Wiederholung der letzten Stunden und einer Besprechung der Hausaufgaben. Danach wird ein neues Thema eingeführt, wozu in der Regel auch allgemeinere Erläuterungen gehören, um schließlich mit einem Übungsteil zu enden. Schließlich werden erneut Hausaufgaben verteilt. Berücksichtigt werden außerdem kognitive Methoden, die von der rational-emotiven Therapie von Ellis (Ellis u. Grieger 1979) ausgehen, durch die der depressive Attributionsstil (also die Form von Zuschreibungen) beeinflusst werden kann, sowie Methoden der klassischen Verhaltenstherapie, insbesondere Verstärkerpläne zur Erhöhung der Aktivität und Rollenspielen zur Verbesserung sozialer Fähigkeiten.

Das Programm wurde zunächst mit interessierten, psychisch unauffälligen Älteren entwickelt und in der Folgezeit im ambulanten Rahmen eingesetzt. Die Anwendung des Programms bei schwerer beeinträchtigten Älteren stieß jedoch an Grenzen, weil sich zeigte, dass diese mit manchen Aufgaben überfordert waren. So wurde das Programm im stationären Setting, in einer psychiatrischen Tagesklinik und einem Altenheim nur in modifizierter Form eingesetzt (Morawetz et al. 2002). So schlägt Hautzinger selbst vor, bei schwerer beeinträchtigen Patienten die Menge vermittelter Informationen zu reduzieren, vorgesehene schriftliche Bearbeitungen einschließlich der Hausaufgaben zu vereinfachen sowie das Tempo des Vorgehens zu drosseln. Entweder kann die Anzahl der vorgesehenen Sitzungen auf 16 bis 18 gesteigert oder aber die Inhalte dadurch vereinfacht werden, dass jeweils nur kognitive oder verhaltensbezogene Elemente angewandt werden (siehe Morawetz et al. in diesem Heft). Allerdings sieht er die Gefahr, dass bei einer solchen Reduktion die Wirksamkeit geringer ausfällt. Deshalb soll eher eine Verlängerung des Programms vorgenommen werden, ohne dass neue Inhalte hinzukommen. Dadurch bleibt dann genügend Zeit für Wiederholungen, gezielte Übungen und eine individualisierte Anleitung. Als problematisch in der Praxis erweist sich auch, dass die Programmabfolge systematisch aufeinander aufbaut und eigentlich in einer geschlossenen Gruppe durchgeführt werden muss; dies ist aber im stationären Bereich kaum realisierbar.

Weniger bekannt ist bislang das Programm zur Behandlung depressiver Älterer von Bizzini et al. (2000), das an der kognitiven Therapie von Beck orientiert ist. Eine umfassendere Darstellung dieses Programms als Voraussetzung für dessen praktische Umsetzung steht bislang noch aus.

Insgesamt wird über positive Erfahrungen in der Anwendung verhaltenstherapeutischer Gruppen bei Älteren berichtet. Das strukturiertere Vorgehen im Vergleich zu tiefenpsychologisch orientierten Gruppen wirkt sicherlich angstmindernd und kommt manchen Älteren entgegen. Als problematisch ist zu sehen, dass die Programme Anforderungen stellen, die von stärker beeinträchtigten psychiatrischen Patienten nur eingeschränkt erbracht werden können. Stahl (2004) etwa geht davon aus, dass nur interessierte Patienten, die bereit sind, sich aktiv mit ihrer Krankheit auseinander zu setzen, in das soziale Kompetenztraining aufgenommen werden sollten. Auch räumt sie ein, dass ein solch strukturiertes Programm dann ungeeignet ist, wenn ein sehr komplexer Problemhintergrund zum Vorschein kommt. Damit werden auch die Grenzen verhaltenstherapeutischer Gruppenprogramme deutlich.

Life-Review und Reminiscence

Während die bisher geschilderten gruppentherapeutischen Methoden sich mehr oder weniger eng an die zugrunde liegenden therapeutischen Schulen orientieren, gibt es eine Reihe weiterer Ansätze, die sich für die Arbeit mit Älteren eignen und die sich spezifischer Methoden bedienen. Die Life-Review-Methode bzw. Gruppen zur Erinnerungspflege stellen solche spezifischen Angebote für Ältere dar, die den Teilnehmern dabei helfen, sich die eigene Lebensgeschichte anzueignen und lebensgeschichtlich vorhandene Ressourcen zu nutzen (Übersicht im Themenheft 4/2004). Heuft ist der Auffassung, dass diese Verfahren insbesondere wegen ihrer präventiven Wirkung noch viel zu wenig genutzt werden (Osborn et al. 1997).

Gruppentherapien für besondere Zielgruppen

Über spezifische gruppentherapeutische Angebote, die eher pragmatischen Gesichtspunkten folgen, wird vornehmlich aus dem stationären Bereich berichtet. So haben Kipp und Groß (2004) in einer psychiatrischen Klinik ein täglich stattfindendes Gruppenprogramm zur Behandlung depressiver Älterer entwickelt, in dem die psychodynamische Gruppenpsychotherapie mit körperorientierten und kreativen Methoden kombiniert werden. Einzelne Berichte liegen aber auch zur gruppentherapeutischen Behandlung sexueller (Kemper 1996) oder paranoider Störungen (Holzwarth 1985) sowie Angststörungen (Boerner 2004) vor.

Gruppentherapeutische Angebote für kognitiv Beeinträchtigte

Schließlich kann auf die große Zahl unterschiedlicher Gruppenangebote in der Behandlung und Versorgung demenziell Erkrankter hier nur kurz hingewiesen werden. Die Palette reicht von den Gruppenangeboten für pflegende Angehörige über die unterschiedlichen Formen des Gedächtnistrainings bis hin zum Realitäts-Orientierungstraining, von dem jedoch mehr und mehr Abstand genommen wird. Der Grund hierfür liegt in den mehrfach festgestellten erhöhten Depressionswerten als Folge des Trainings. Dieser negative Effekt kann auf die wiederholte Konfrontation mit den Defiziten zurückgeführt werden (Haag u. Noll 1991). Rasehorn (1994) macht darauf aufmerksam, dass sich das Vorgehen immer am kognitiven Niveau der Gruppe orientieren muss. Während bei Menschen mit leichter kognitiver

Einschränkung beinahe spielerisch vorgegangen werden kann und die Auseinandersetzung mit Vergangenheit und Gegenwart möglich ist, ist bei schwerer beeinträchtigten Menschen ein direktives Vorgehen mit einer orientierenden therapeutischen Haltung notwendig. Methoden der kognitiven Verhaltenstherapie wurden außerdem in Gruppen mit demenziell Erkrankten eingesetzt (Zaudig 1995). Sie eignen sich nur bei leichten bzw. beginnenden Demenzen, bei fortgeschrittener Demenz sind sie eher kontraindiziert. Inzwischen wurde aber nachgewiesen, dass ein kognitiv *stimulierendes* Therapieprogramm mindestens gleich gut wirksam ist, wie die Gabe von Cholinesterasehemmern (Spector et al. 2003).

Besonders Methoden der Musiktherapie (Muthesius u. Sonntag 2004) haben sich auch in solchen Gruppen bewährt. Geleitet von der Vorstellung, dass Interesse und kognitive Wachheit bei Demenzkranken in Gruppen entsteht, wenn Wünsche erfüllt werden, versuchen wir (Kipp und Jüngling 2000) mit unterschiedlichen Angeboten, die auch eine orale Befriedigung ermöglichen, diese Menschen zu aktivieren.

Körperorientierte und kreative Methoden

Körperorientierte und kreativtherapeutische Methoden nehmen insbesondere in der stationären Behandlung Älterer einen breiten Raum ein und können mit unterschiedlicher Zielsetzung zum Einsatz kommen. So hat sich das autogene Training als Basistherapeutikum bewährt (Hirsch u. Hespos 2000), um Ältere an eine psychotherapeutische Behandlung und an die Wahrnehmung innerseelischer Prozesse heranzuführen.

Auch kreativtherapeutische Ansätze verhelfen dazu, ältere Menschen an die psychotherapeutische Arbeit heranzuführen. Tanz- oder Musiktherapie knüpfen an positive, häufig länger zurückliegende Erfahrungen an, die es erleichtern, sich auf einen regressiven Prozess einzulassen. Gerade bei depressiven Patienten werden Stimmung und Körpergefühl durch Bewegung (Kipp et al. 2000) oder Musik positiv beeinflusst (Muthesius u. Sonntag 2004). Nicht nur das gemeinsame Singen von Liedern, die aus der Jugendzeit noch bekannt sind, sondern auch das Musizieren mit einfachen Instrumenten lässt ein Gruppengefühl entstehen, das bei den Gruppenteilnehmern offensichtliche Befriedigung schafft und erleichtert, Enttäuschung, Kummer, Schmerz oder Wut zum Ausdruck zu bringen. Lieder mit gefühlsstarken, auch traurigen

Inhalten können musikalische Assoziationen hervorrufen (Müller-Schwartz 1994), die therapeutisch genutzt werden können.

Evaluation

Obwohl Gruppentherapien bei älteren Menschen häufig angewandt werden, gibt es bisher nur wenige Evaluationsstudien (Übersicht bei Schneider u. Heuft 2001). Die meisten Studien zur kognitiv-behavioralen Therapie, insbesondere zum Behandlungsprogramm von Hautzinger (2000) zeigen Effektstärken zwischen .68 bis 1.4[1]. Bei psychodynamischer Therapie werden in den wenigen vorliegenden Studien Effektstärken von .51 und .97 berichtet. Von einer signifikant unterschiedlichen Wirksamkeit von kognitiv-behavioraler und psychoanalytischer Gruppentherapie kann Schneider und Heuft (2001) zufolge jedoch nicht ausgegangen werden. Die einzige Metaanalyse im deutschsprachigen Raum wurde von Pinquart (1998) vorgelegt. Seine Ergebnisse lassen sich kurz wie folgt zusammenfassen:

- Die Verbesserung der Depression in der Selbstbeurteilung liegt durchschnittlich im schwachen Effektstärkebereich (d = .42), bei Fremdbeurteilung im Bereich starker Effekte (d = 1.15). Diese Effekte sind geringer als bei Jüngeren.
- Bei den über 70jährigen liegen die Effektstärken deutlich niedriger aus als bei unter 70jährigen.
- Bei Einzeltherapien fällt die Verbesserung des Befindens besser aus als bei Gruppentherapien.
- Die deutlichsten Verbesserungen finden sich in den Bereichen der Selbstachtung, dem Erleben von Einsamkeit, der Kontrollüberzeugungen und der Lebenszufriedenheit.
- Therapeuten mit höherer Qualifikation erwiesen sich als erfolgreicher als Therapeuten ohne diese Erfahrung.

Zweifellos sind weitere Studien erforderlich, um differenzielle Analysen durchführen zu können, die Rückschlüsse darauf zulassen, welche Form der Gruppentherapie bei welchen Älteren wirksam ist und welche Modifikationen erforderlich sind.

Ausblick

Trotz der aufgezeigten Schwierigkeiten von Seiten der Älteren aber auch auf Seiten der Gruppentherapeuten ist die Gruppentherapie ein wesentliches Therapieangebot in dieser Alterstufe. Bei der Leitung von Therapiegruppen sind besondere Kenntnisse in der Psychotherapie älterer Menschen und gruppentherapeutische Kompetenzen notwendig.

Anmerkung

[1] Effektstärken von unter .30 bis .50 gelten als schwache Effekte, von .50 bis .80 als mittlere Effekte und Werte, die darüber hinausgehen als starke Effekte.

Literatur

Barde B (1994) Indikation. In: Haubl R, Lamott F (Hg) Handbuch Gruppenanalyse. Berlin (Quintessenz) 28–49.

Bechtler H (2000) Gruppenpsychotherapie mit älteren Menschen. München (Reinhardt).

Boerner RJ (2004) Pathologische Angstformen im Alter – eine vergessene Störung. Psychotherapie im Alter 1(2):103–116.

Bizzini L, Favre C, Bäurle P (2000) Kognitive Therapie in kleinen Gruppen mit älteren Menschen: Das CTDS Programm. In: Bäurle P, Radebold H, Hirsch RD, Studer K, Schmid-Furstoss U, Struwe B (Hg) Klinische Psychotherapie mit älteren Menschen. Bern Göttingen (Huber) 90–94.

Ellis A, Grieger R (1979) Praxis der rational-emotiven Therapie. München (Urban & Schwarzenberg).

Fiedler P (2001) Verhaltenstherapie in und mit Gruppen. In: Tschuschke V (Hg) Praxis der Gruppenpsychotherapie. Stuttgart New York (Thieme), 343–348.

Filipp S-H, Mayer A-K (1999) Bilder des Alters. Stuttgart (Kohlhammer).

Haag G, Noll P (1991) Das Realitätsorientierungstraining – eine spezifische Intervention bei Verwirrtheit. In: G Haag, C Brengelmann (Hg) Alte Menschen – Ansätze psychosozialer Hilfen. München (Röttger Verlag).

Hautzinger M (1997) Kognitiver Verhaltenstherapie bei Depressionen im Alter. In: Radebold H et al. (Hg) Depressionen im Alter. Darmstadt (Steinkopff) 60–68.

Hautzinger M (2000) Depression im Alter. Weinheim: Psychologie Verlags Union.

Heuft G, Kruse A, Radebold H (2000) Lehrbuch der Gerontopsychosomatik und Alterspsychotherapie. München Basel (Reinhardt).

Hinsch R, Pfingsten U (1983). Gruppentraining sozialer Kompetenzen. München: Urban & Schwarzenberg.

Hirsch RD, Hespos M (2000) Autogenes Training bis ins hohe Alter. München Basel (Reinhardt).

Holzwarth U (1985) Gruppenpsychotherapie mit paranoiden Senioren. Gruppenpsychother. Gruppendyn. 21:15–24.

Kemper J (1995) Psychodynamische Gruppentherapie Alternder. In: Jovic NI, Uchtenhagen A (Hg) Psychotherapie und Altern. Zürich (Fachverlag) 190–212.

Kipp J (1995) Stationäre Gruppentherapie mit depressiven Patienten im Alter. In: Jovic NJ, Uchtenhagen A (Hg) Psychotherapie und Altern. Zürich (Fachverlag) 249–260.

Kipp J, Jüngling G (2000) Einführung in die praktische Gerontopsychiatrie. München (Reinhardt).

Kipp J, Herda C, Schwarz HJ (2000) Wirkfaktoren der Ergotherapie – Ergebnisse einer Pilotstudie. Ergotherapie & Rehabilitation 6:17–21.

Kipp J, Groß M (2004) Tägliche Gruppentherapien für ältere Patienten in einer Klinik für Psychiatrie und Psychotherapie. Gruppenpsychother Gruppendyn 40:148–163.

Maiwald G (1990) »Dieses ist ein unbekanntes Gebiet ...« Rundtischgespräch zur analytischen Gruppenpsychotherapie mit Älteren. In: Altern und Alter. Münster Hamburg (Arbeitshefte Gruppenanalyse) 105–135.

Morawetz C, Hautzinger M, Kossak A, Wormstall H (2002) Kognitiv-verhaltenstherapeutische Gruppentherapie bei Depressionen im Alter. In: Gutzmann H, Hirsch RD, Teising M, Kortus R (Hg) Die Gerontospsychiatrie und ihre Nachbardisziplinen. Berlin Bonn (Schriftenreihe DGGPP) 304–312.

Müller-Schwartz A (1994) Musiktherapie mit Demenzkranken. In: Hirsch RD (Hg) Psychotherapie bei Demenzen. Darmstadt (Steinkopff) 159–166.

Muthesius D, Sonntag JP (2004) Erinnerung haben oder sein? Menschen mit Demenz – Menschen mit Musik. Psychotherapie im Alter 1(4):47–60.

Osborn C, Schweitzer P, Trilling A (1997) Erinnern. Eine Anleitung zur Biographiearbeit mit alten Menschen. Freiburg (Lambertus).

Peters M (1995) Entwicklungspsychologische Aspekte eines stationären gruppentherapeutischen Konzeptes für Patienten in der zweiten Lebenshälfte. Gruppenpsychoth Gruppendyn 31:358–372.

Peters M, Radebold H, Hübner S (2002) Stationäre Gerontopsychosomatik. Ergebnisse zum Behandlungsaufwand und Behandlungserleben. Zeitschrift für Gerontopsychologie und -psychiatrie 15:33–45.

Pinquart M (1998) Das Selbstkonzept im Seniorenalter. Weinheim (Beltz).

Radebold H (1992) Psychodynamik und Psychotherapie Älterer. Berlin Heidelberg New York (Springer).

Radebold H, Rassek M, Schlesinger-Kipp G, Teising M (1987) Zur psychotherapeutischen Behandlung älterer Menschen. Freiburg (Lambertus).

Radebold H, Schlesinger-Kipp G (1983) Gruppenpsychotherapie und Gruppenarbeit im Alter. Ein Literaturbericht. In: Radebold H (Hg) Gruppenpsychotherapie im Alter. Göttingen (Vandenhoeck & Rupprecht) 12–63.

Rasehorn E (1994) Übungs- und Trainingsprogramme mit Dementen unter Berücksichtigung ihrer Emotionalität. In: Hirsch RD (Hg) Psychotherapie bei Demenzen. Darmstadt (Steinkopff) 129–140.

Rupp H-G (1974) Soziale Kompetenz im Alter. Münster (Lit-Verlag).

Schneider G, Heuft G (2001) Gruppenpsychotherapie mit alten Menschen. In: Tschuschke V (Hg) Praxis der Gruppenpsychotherapie. Stuttgart New York (Thieme) 312–318.

Spector A, Thorgrimsen L, Woods B, Royan L Davies S, Butterworth M, Orell M (2003) Efficacy of an Evidence-based Cognitive Stimulation Therapy Program for People with Dementia: Randomised Controlled Trial. British Journal of Psychiatry 183:248–254.

Stahl J (2004). Gruppentraining sozialer Kompetenz mit älteren depressiven Patienten – Erfahrungen aus der Tagesklinik für Alterspsychiatrie und -psychotherapie in Zürich. Gruppenpsychoth Gruppendyn 40:130–148.

Stuhlmann W (1995) Selbst-Sicherheits-Training zur Verbesserung der sozialen Kompetenz. In Jovic NI, Uchtenhagen A (Hg) Altern und Psychotherapie. Zürich (Fachverlag) 278–293.

Thilo HJ (1979) Psychoanalytische Gruppentherapie in der zweiten Lebenshälfte. Internist. Praxis 19:699–713.

Tschuschke V (2004) Gruppenpsychotherapie. Die unbekannte und benachteiligte psychotherapeutische Behandlungsoption. Psychotherapeut 49:101–109.

Yalom ID (1996) Theorie und Praxis der Gruppenpsychotherapie. München (Pfeiffer).

Zaudig M (1995). Demenz und leichte kognitive Beeinträchtigung im Alter. Bern (Huber).

Korrespondenzadressen

Dr. Johannes Kipp
Ludwig-Noll-Krankenhaus
Dennhäuserstraße 156
34134 Kassel
E-Mail: johanneskipp@t-online.de

Dr. Meinolf Peters
Schwanallee 48 a
35037 Marburg
E-Mail: Meinolf-Peters@t-online.de

Peter Geißler (Hg.)

Was ist Selbst-
regulation?

Eine Standortbestimmung

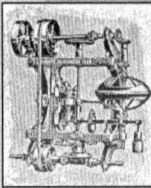

edition ■psychosozial

2004 · 344 Seiten · Broschur
EUR (D) 32,– · SFr 55,60
ISBN 3-89806-318-6

Selbstregulation ist ein zentrales Ziel der Erziehung, setzt jedoch eine zeitweilige Regulierung durch andere wichtige Bezugspersonen voraus – in der kindlichen Entwicklung durch die primäre Bezugsperson und im therapeutischen Kontext durch den Therapeuten. Der Begriff ist zentral für humanistische Therapieformen, die auf Fähigkeiten und Ressourcen der Person setzen, ebenso für die zeitgenössische Säuglingsforschung und für die Systemtheorie. Selbstregulierende und fremdregulierende Prozesse stehen in einem komplexen Wechselspiel. Aus dem Blickwinkel unterschiedlicher therapeutischer Zugänge – wie klientenzentrierte Psychotherapie, Gestalttherapie, Bioenergetische Analyse und psychoanalytische Selbstpsychologie – wird der Begriff in seinen diversen Facetten erörtert und im Hinblick auf seine therapeutische Relevanz diskutiert.

P⦿V
Psychosozial-Verlag

Gemeinsame Gruppentreffen für demenziell Erkrankte und ihre Angehörigen

Errollyn Bruce

Zusammenfassung

Auf der Grundlage des EU-geförderten Projektes »Erinnerungen pflegen« schildert die Autorin die Erfahrungen und Erwartungen einer erinnerungsbezogenen Gruppenarbeit mit demenziell Erkrankten und ihren Angehörigen. Die Interventionen zielen dabei stärker auf eine Beeinflussung der Beziehungs- und Kommunikationsmuster des sozialen Umfeldes ab als auf eine direkte Veränderungen der Erkrankten. Von der verbesserten Interaktion innerhalb der betroffenen Familien wird eine höhere Bereitschaft zur Pflege erwartet.

Stichworte: Demenz, Familienpflege, erinnerungsbezogene Aktivitäten, soziale Einbeziehung

Abstract: The value of joint reminiscence groups for people with dementia and their family carers

Based on the experiences of a EU-founded pilot-project, »Remembering Yesterday, Caring Today«, the author outlines the effect of reminiscence group work to support family carers. She stresses the importance of mixed groups of carers and people with dementia as there is a better chance that the quality of relationships and communication can be improved by working with them together. Also joint groups are a way to support family care by promoting the social inclusion of carers and people with dementia.

Key words: Dementia, family care, reminiscence, social inclusion

Der Wandel in der Demenzpflege

Die meisten von uns fürchten, selbst an einer Demenz zu erkranken. Vor Augen hat man bei dieser Vorstellung die unaufhaltsame Zerstörung von Gedächtnis, Verstand und Persönlichkeit und die damit verbundenen verheerenden Auswirkungen auf alle zwischenmenschlichen Beziehungen. Pflegende Angehörige berichten davon, dass sie den Erkrankten als »bloße Hülle« empfinden. Er ist ihnen fremd geworden und mitunter fühlen sie sich sogar betrogen: »Das ist nicht der Mann, den ich einmal geheiratet habe!«. Lange teilte die ärztliche Fachwelt diese Haltung. In durchaus seriösen Werken konnte man Texte wie diesen lesen: »Manchmal scheint das wahre Selbst längst vor dem Körper zu sterben. In den verbleibenden Jahren wird man Zeuge, wie eine Karikatur der früheren Persönlichkeit sich lautstark und würdelos ins Chaos verliert.« (Pitt 1982, 39)

Zumindest das fachliche Verständnis der Demenz hat sich in den letzten zwanzig Jahren grundlegend gewandelt. Man erkannte, dass in der nihilistischen Sicht der Erkrankung selbst und den damit verbundenen geringen Erwartungen an die Erkrankten eine der Ursachen für unzureichende therapeutische Maßnahmen und eine schlechte Pflegequalität liegt. Tom Kitwood (2000) prägte hierfür den Begriff der »bösartigen Sozialpsychologie«. Inzwischen führt man einen Teil der typischen Verhaltensänderungen nicht mehr allein auf die neurologischen Störungen zurück, sondern versteht sie als Reaktionsformen auf ein »malignes« soziales Umfeld (Kitwood 2000, 73).

Hieraus entstanden neue Versorgungskonzepte, die sich unterschiedlicher Bezeichnungen bedienen, etwa: Die »integrity promoting care« (integritätsfördernde Pflege) nach Brane und Mitarbeiter (1989) in Schweden, die »person-centred care« (personenzentrierte Pflege) nach Kitwood (2000) in Großbritannien sowie die beiden US-amerikanischen Ansätze der »individualised care« (individualisierte Pflege) (Radar 1995) und der »relationship approach« (Beziehungsansatz) (Zgola 1999). Man stellte fest, dass durch Trost, Anregung, Kommunikation und spirituelle Unterstützung die Erfahrungswelt der Erkrankten positiv zu beeinflussen ist und konnte aufzeigen, dass die Demenz nicht zwangsläufig zum »würdelosen Verlust an ein Chaos« führen musste.

Mit der Anerkennung der Bedeutung des sozialen Umfeldes für die Befindlichkeit der Erkrankten, rückte die Qualität der Beziehungen ins Zentrum der Betrachtung und vieles deutet inzwischen darauf hin, dass psychosoziale

Interventionen ebenso wirksam sein können wie Psychopharmaka (Spector et al. 2003). Insbesondere erinnerungsbezogene Kommunikationsangebote erhielten in der Folge einen zunehmend höheren Stellenwert.

Die Pflege der Erinnerung – eine beliebte psychosoziale Intervention

Erinnerungsbezogene Kommunikationsangebote eignen sich in besonderer Weise für Menschen mit Demenz, da frühe Lebensereignisse recht lange in ihrem Gedächtnis erhalten bleiben. Wenn auch noch nicht in großen Studien bewiesen, so belegen doch zahlreiche Fallschilderungen und kleinere Untersuchungen die Wirksamkeit von erinnerungsbezogenen Interventionen. Sie richten sich an die Ressourcen der Betroffenen und rufen einstige Kompetenzen ins Bewusstsein zurück. Erinnern sich die Erkrankten an einstige Fähigkeiten und Begebenheiten, so werden sie zu Experten und Zeitzeugen. Ihr durch die Krankheitserfahrung bedrohtes Identitätsgefühl wird gestärkt. Das Schwelgen in der Vergangenheit ist eine uns allen vertraute Beschäftigung, aus der wir Anregung, Austausch und Vergnügen beziehen (Woods und McKierman 1995). In der Biographie lassen sich nicht nur vielfältige Gesprächsanlässe finden, sie lässt sich auch gut über nicht-verbale Kommunikationsformen erschließen. Selbst für Menschen mit Demenz kann sich daraus die Gelegenheit der Lebensrückschau ergeben, mitunter auch die Chance, über traumatische Erfahrungen zu sprechen.

Gibson (2004) betont die Wirkung von erinnerungsbezogenen Aktivitäten mit demenziell Erkrankten auf die Zuhörer und bereits 1991 belegten Pietrukowicz und Johnson, dass Mitarbeiter Pflegebedürftige dann positiver wahrnehmen, wenn sie über deren Lebensgeschichte informiert sind.

Vielleicht sollte man in der Pflege der Erinnerung daher weniger eine therapeutische Intervention sehen, die hilft, Defizite im Gedächtnis der Erkrankten verringern, als eine Möglichkeit, die Qualität des Beziehungsnetzes zu verbessern. Biographieorientierte Arbeit würde dann primär darauf abzielen, die Pflegenden in ihren Einstellungen und Haltungen zu beeinflussen und weniger dazu dienen, die Erkrankten an ein Umfeld anzupassen, das seinerseits nicht zu Veränderungen bereit ist.

Angehörige, Demenz und die Pflege der Erinnerung

Die Demenz beginnt zu Hause. Erste Anzeichen werden gerne dem Älterwerden zugeschrieben und mit Stress-Situationen oder mit momentanem Unwohlsein erklärt. Die Betroffenen versuchen, Situationen zu vermeiden, die ihnen Schwierigkeiten bereiten. Angehörige neigen dazu, Versagen zu kaschieren und greifen schon ein, bevor sich die Erkrankten eine Blöße geben. So geben die Menschen im Verlauf des Krankheitsprozesses mehr und mehr ihre bisherigen Rollen auf und gleiten immer tiefer in Isolation. Den Familien fällt es schwer, über diese Vorgänge zu sprechen. Stillschweigend verschieben sich so die internen Machtverhältnisse. Wenn die Diagnose gestellt wird, haben sich die Beziehungsstrukturen meist schon stark gewandelt.

Für die Angehörigen wird die Bewältigung des Alltags immer mühsamer. Kaum finden sie noch Zeit und Energie für erfreuliche und entspannende Unternehmungen. Wer mit dem Erkrankten im selben Haushalt lebt, teilt gewöhnlich seine sich immer weiter verengende soziale Welt. Die pflegenden Ehepartner fühlen sich oft wie Krankenschwestern im Dauereinsatz und nicht wie Lebensgefährten. Die Erkrankten ihrerseits klagen, dass der sie versorgende Ehepartner oft herrisch und schlecht gelaunt sei. Die Beziehung wird einer Zerreißprobe ausgesetzt, je mehr die Abhängigkeit der Erkrankten zunimmt und es erstaunt wenig, dass einer der Hauptgründe für die Umsiedlung in ein Heim in der psychischen Belastungen der Familie liegt.

Die gezielte Einbeziehung von pflegenden Angehörigen in Erinnerungsaktivitäten ist relativ neu. Mit Förderung der Europäischen Union konnten wir 1997/98 in dem Projekt »Erinnern und Pflegen« (»Remembering Yesterday, Caring Today«/RYCT) die Potentiale gemeinsamer biographieorientierter Gruppenarbeit erproben. Projektziel war es, durch gemeinsame Aktivitäten die Beziehung innerhalb der Pflegedyade, also zwischen Pflegendem und Gepflegtem, zu verbessern und damit die Pflegebereitschaft der Familie zu stärken.

In einem geselligen Rahmen mit anderen Betroffenen sollen die Angehörigen
- das Schwelgen in Erinnerungen als hilfreiches Medium der Kommunikation erkennen,
- unterstützt werden, auf die sozialen und emotionalen Bedürfnisse ihrer Erkrankten einzugehen und

– gemeinsam mit ihren Erkrankten Situationen der Entlastung und Entspannung erleben.

Um diese Ziele zu erreichen standen insgesamt 18 wöchentliche Treffen zur Verfügung.

Damit die Angehörigen sich zumindest zeitweise von der Sorge um ihre Erkrankten entlastet fühlten und sich auf das mit dem Projekt verbundene Lernangebot konzentrieren konnten, war uns die Einbeziehung von Freiwilligen besonders wichtig. Sie stellten sich den Erkrankten als interessierte und einfühlsame Kommunikationspartner zur Verfügung und gaben den Angehörigen Freiraum, sich untereinander auszutauschen. Je mehr Freiwillige in den Gruppen mitarbeiteten, desto besser gelang es, den Treffen die Atmosphäre einer ganz »normalen« geselligen Veranstaltung zu verleihen.

Das Projekt wurde an 16 Standorten in 10 europäischen Ländern durchgeführt. Die Evaluation stützte sich auf die sorgfältige Dokumentation der Gruppenleitungen sowie auf Berichte von Freiwilligen, Angehörigen und Erkrankten (Trilling et al. 2001). Das RYCT-Konzept ist inzwischen weiterentwickelt worden und die meisten der ehemaligen Projektpartner führen das Angebot auf die eine oder andere Weise fort. Weitere Einrichtungen an unterschiedlichsten Orten in Europa haben die Idee inzwischen aufgegriffen und umgesetzt.

Engagement und Vergnügen

Bei Projektbeginn begegneten die Organisatoren oft Angehörigen, die dem Gruppenangebot skeptisch gegenüber standen. Hatten sie sich aber einmal darauf eingelassen, machte es ihnen viel Freude und sie nahmen mit großer Regelmäßigkeit teil.

Mit wenigen Ausnahmen zeigten sich die demenziell Erkrankten den Treffen durchaus gewachsen. Sie beteiligten sich entsprechend ihrer Möglichkeiten an den Aktivitäten und zeigten oftmals längst verschüttet geglaubte Kompetenzen. Eine schwer demenziell erkrankte alte Dame war beispielsweise die Einzige in der Gruppe, die den Feststeller auf einer alten Schreibmaschine nicht nur zu finden, sondern auch richtig zu bedienen wusste. Eine andere zeichnete einen ganzen Nachmittag hoch konzentriert an einem detailreichen Bild ihres Elternhauses. Oft standen das Verhalten der Erkrankten in der Gruppe in Kontrast zu dem, was sie in ihrer häuslichen Umgebung zeigten. So wollte eine Angehörige kaum glauben, dass ihr Mann – wahrheitsgetreu – einem Freiwilligen von der Aufregung berichtete, die er bei der Hochzeit mit seiner grell bunten Krawatte verursacht hatte.

Wenn ein Erkrankter, der zu Hause ganz wortkarg geworden ist, einem Fremden plötzlich alles mögliche zu erzählen weiß, kann es sein, dass sich die pflegenden Angehörigen schuldig oder gar verärgert fühlen. Die Projektmitarbeiter versuchten, solche Gefühle zu mildern, indem sie den Angehörigen die Wirkung des anregenden Umfeldes verdeutlichten.

Für viele Familien bedeutet das Leben mit einem Demenzkranken einen Verlust an Fröhlichkeit. Die pflegenden Angehörigen in unserem Projekt wussten es daher zu schätzen, wenn die Erkrankten Spaß und Freude zeigten. Eine pflegende Tochter in London äußerte beispielsweise: »Es ist tut so wohl zu sehen, welche Anteilnahme meine Mutter hier zeigt. Die meiste Zeit tut sie das nicht mehr.«[1] Auch für die Erkrankten ist es wichtig, ihre Angehörigen vergnügt zu sehen, leiden sie doch auch unter deren Gereiztheit, Müdigkeit und Traurigkeit.

Beziehungen

Die Möglichkeit, an dem Projekt gemeinsam mit den Erkrankten teilzunehmen, wurde von vielen Angehörigen hervorgehoben. Eine pflegende Ehefrau in London: »Am besten gefallen hat es mir, wenn wir alle zusammen waren – und ihm (dem Ehemann) ging es genauso.« Diese Gemeinsamkeit schien sich auf die Beziehungen untereinander auszuwirken. So wurde von Situationen berichtet, in denen man (seit längerem einmal wieder) positive Gefühle für den demenziell erkrankten Angehörigen empfinden konnte. Ein Ehemann in London sagte: »Ich war ganz stolz auf sie, als sie eine Rede halten wollte.« Eine Freiwillige in Oslo notierte: »Es war großartig zu sehen, wie sehr sich der Ehemann freute, als sich seine Frau an die Nähmaschine setzte und sagte: ›Ich war vor langer Zeit Näherin, ich kenne diese Arbeit.‹«

Immer wieder wurde von den gemeinsamen Erlebnissen in früheren Jahrzehnten erzählt. Wie gut oder schlecht die Ehe oder die Eltern-Kind-Beziehungen auch gewesen sein mögen, deutlich wurde die enge Verbundenheit der Partner. Mit den Erinnerungen kehrten zumindest für kurze Zeit die einstigen Gefühle zurück. Eine Angehörige in Stockholm berichtete, dass sie sich zum ersten Mal seit langem wieder als Tochter gefühlt und in ihrer Mutter wieder ihre Mutter gesehen habe. Eine Tochter in Leuwen erzählte, wie schön es gewesen sei, als sie mit ihrer Mutter alte Fotos betrachtet habe. Die Mutter habe ihre Fragen beantwortet und von ihrem früheren Leben erzählt. Ehepartnern gelang es, im gemeinsamen Erinnern kurze Blicke auf ihre einstige Nähe zu erhaschen. Als die (erkrankte) Ehefrau sich an die erste gemeinsame Kanutour erinnerte und erzählte, wie verliebt sie damals gewesen sei, war dies für den pflegenden Ehemann seit Jahren das erste Gespräch, bei dem er sich auf »gleicher Wellenlänge« mit ihr fühlte (Bericht des Gruppenleiters in Amsterdam). Als eine Gruppe gemeinsam einen alten Film anschaute, berichteten die Pflegenden, dass sie sich – wie früher – miteinander hatten austauschen können (Bericht der Gruppenleiterin in Brüssel).

Nicht immer führte das gemeinsame Erinnern zu solch geglückter Verständigung. Ein Ehemann in Amsterdam war ganz ehrlich: »Natürlich sehe ich, wie gern meine Frau diese Geschichten erzählt und ich sehe auch, dass die anderen in der Gruppe ihr gerne zuhören. Aber ich kann sie nicht mehr hören!«

Die Entwicklung einer Demenz verlangt den Angehörigen fortlaufend enorme Anpassungsleistungen ab. Dieser Anpassungsprozess wird durch das Gruppenangebot erheblich unterstützt. Eine Londoner Angehörige: »Ich empfinde den Umgang mit der Krankheit als unsäglich schwer, sie ist richtig harte Arbeit, ein einziger andauernder Verlust. Das Projekt ließ mich manchmal diese traurige Situation vergessen und munterte mich auf.«

Voraussetzung für den personenzentrierten Umgang mit dem Erkrankten ist es, dass man eher seine Kompetenzen denn seine Defizite wahrnimmt und sich so gegen die Gefahr der »bösartigen Sozialpsychologie« wappnet. Gerade pflegenden Angehörigen fehlt oft die Kraft zur personenzentrierten Kommunikation. Folglich gab es im Projekt durchaus Familien, die sich jeder Veränderung verschlossen. Sie verharrten in ihren gewohnten Klagen und ihrer Fixierung auf die Verluste und wollten sich durch keine noch so geglückte Erinnerungs»leistung« ihres Erkrankten davon lösen.

Kommunikation

Im Projekt wurden verschiedene Kommunikationsbarrieren zwischen den Erkrankten und ihren pflegenden Angehörigen offensichtlich. Manche

Angehörige konnten nur schlecht zuhören – gleichgültig wer gerade mit ihnen sprach. Andere verstanden wohl die Idee des aktiven Zuhörens, waren aber zu erschöpft, es in die Praxis umzusetzen. Oft fielen sie den Erkrankten ins Wort, wenn diese sich nicht schnell genug auszudrücken vermochten. Etliche Angehörigen versuchten, gemeinsam erlebte Geschichten in ihrer Version zu Ende zu erzählen, griffen korrigierend ein oder unterzogen ihre erkrankten Partner geradezu einem Gedächtnistest: »Wie hieß denn das Hotel in Italien, in dem wir so oft waren?« Nur wenige Angehörige hatten die Hoffnung auf Heilung völlig aufgegeben. Diejenigen, die am Glauben festhalten wollten, dass alles wieder so werden könne, wie zuvor, verhielten sich dem Erkrankten gegenüber oft überfordernd. Eine Gruppenleitung in Kopenhagen berichtet: »Sie (die pflegende Ehefrau) spricht oft mit ihm, als sei er noch wie früher. Wird sie dann enttäuscht, reagiert sie traurig oder ärgerlich.«

Die Mitarbeiterinnen nutzten all ihre Kreativität und Intuition, um den Menschen mit Demenz zu einer geglückten Kommunikation zu verhelfen. Sie verstanden sich dabei auch als Modelle für die Angehörigen.

Am erfolgreichsten war es aber, wenn die Angehörigen einander gute Vorbilder sein konnten. Einige setzten alte Familienwitze oder Redewendungen ein, um ihre Erkrankten aufzuheitern und zur Mitwirkung zu motivieren. Andere versorgten Freunde und Angehörige, die zu Besuch kamen, mit Erinnerungsobjekten und hielten sie an, hierüber mit den Erkrankten das Gespräch zu suchen. Bereitwillig gab man einander diese »Entdeckungen« weiter.

Die Gruppenleitungen selbst hatten unterschiedliche Einschätzungen, ob es gelingen könne, etwa ein altes Ehepaar noch von ihrem »über Jahrzehnte gepflegten Interaktionsstil abzubringen« (Kassel). Doch wurde bei einigen Angehörigen durchaus ein »neues Kommunizieren« festgestellt (Stockholm), »Sensibilität und Verständnis wuchsen« (Kopenhagen). Ein Amsterdamer Protokoll hielt fest, dass die Angehörigen »die Erkrankten mit der Dauer des Projektes immer seltener unterbrachen und verbesserten«. Berichtet wurde auch, dass die Treffen noch lange nachwirkten. Einige Teilnehmer nahmen einfach ein wenig von der fröhlichen Stimmung mit auf den Weg: »Die Gruppentreffen haben so viel Spaß gemacht, dass wir die ganze Fahrt im Auto nach Hause weiter sangen!« (Kassel)

Auf jeden Fall freuten sich die Angehörigen, dass andere Menschen sich die Mühe machten und über die Fähigkeit verfügten, mit ihren Erkrankten zu kommunizieren. Sie wurden Zeugen der Wirkung einer personenzentrierten Kommunikationsweise und angeregt, eigenes Verhalten zu überdenken.

Identität

Unsere Identität entwickelt sich in der Auseinandersetzung mit den unterschiedlichsten Erfahrungen und Erlebnissen. Neben den körperlichen Wahrnehmungen sind wir angewiesen auf die Anerkennung unserer Leistungen und unserer Wesenzüge durch das soziale Umfeld. Indem wir uns die Ereignisse unseres Lebens bewusst machen, erleben wir uns als geschichtliche Wesen.

Die Demenz gefährdet dieses Identitätsgefühl auf zweifache Weise: Mit nachlassender Leistungsfähigkeit und dem Verlust der Rollenautonomie beeinträchtigt die Erkrankung die Menschen in ihrem positiven Selbstbild – ein Phänomen, das durch die Reaktionen der Umwelt noch verschärft wird. Zum anderen bedrohen die kognitiven Einschränkungen den komplexen Prozess der Informationsaufnahme und -verarbeitung, der Voraussetzung für die Herstellung einer kohärenten Identität ist. Das Ergebnis ist ein unscharfes und fragmentiertes Selbstbild, das z. B. aus der Frage eines Erkrankten an seine Katze spricht: »Weißt Du denn, wer Du bist, Mieze?«

In unseren eigenen Untersuchungen zum Wohlbefinden demenziell erkrankter Menschen (Bruce 2002) fanden wir heraus, dass sie sich viele Probanden auf die Vergangenheit bezogen, wenn man ihnen die Möglichkeit zum Gespräch bot. Über die Erinnerung an einstige Kompetenzen und frühere Rollen schienen sie am ehesten ein positiv besetztes Identitätsgefühl hervorrufen zu können. Zu den Bewältigungsstrategien gehörte die Bezugnahme auf die Vergangenheit. Sie verwiesen auf frühere mentale Stärke oder auf ihren einstigen sozialen Status. Indem sie von ihrer früheren Leistungsfähigkeit erzählten, deuteten sie ihre aktuellen Schwierigkeiten an, nutzten die autobiographische Erinnerungen gleichzeitig aber als Ressource zum Erhalt des Selbstwertgefühls.

Bei den unzähligen Erinnerungen, die im RYCT-Projekt angeregt wurden, waren die pflegenden Angehörige eine unschätzbare Hilfe. Sie wussten um die Begebenheiten, die von den Erkrankten nicht mehr abgerufen werden konnten, von ihnen aber wohl als Erzählung wieder erkannt wurden. Aus ihrer engen Vertrautheit konnten die Angehörigen die Gegenstände und sinnlichen Reize auswählen, die verschüttete Erinnerungen aktivieren halfen. Sie ergänzten Erinnerungssplitter und machten sie der Kommunikation wieder zugänglich.

Eines der Elemente der personenzentrierten Pflege ist es, die Menschen im Umfeld zu ermuntern, den Erkrankten positive statt negative Rückmeldungen zu geben und so zu helfen, ihr durch die Krankheit gefährdetes Selbstbild zu schützen. Die Erfahrungen des Scheiterns, die mit der Demenz stets einher gehen, sollen durch die Reaktionen der anderen nicht noch verstärkt werden. Menschen neigen nun einmal dazu, sich gegenüber anderen in ein positives Licht zu setzen – ein Verhalten, das insbesondere auf Personen mit Leistungseinschränkungen sehr entmutigend wirkt. Im RYCT-Projekt wurde daher große Mühe darauf verwandt, statt negativer Verstärkung positives Erleben zu ermöglichen: Die Menschen mit Demenz wurden mit Hochachtung und Zuvorkommenheit behandelt. Immer wieder wurde ihnen versichert, wie wichtig ihre Anwesenheit und ihre Mitwirkung war, und ihre Beiträge wurden mit großer Aufmerksamkeit und – wenn es passend war – mit Applaus bedacht.

Soziale Einbindung

Viele Teilnehmer waren stark vereinsamt. Sie hatten feststellen müssen, dass es nur wenige Orte gibt, an denen Menschen mit Demenz verstanden und akzeptiert werden. Das Projekt bot ihnen einen Treffpunkt für entspannte Geselligkeit, in dem man sich wie in einer »normalen« Veranstaltung fühlte. Nichts ließ vermuten, dass es sich um eine Gruppe mit besonderen Problemen handelte. Allerdings war das Angebot selbst etwas sehr Besonderes, wirkte man dort doch den Schwierigkeiten, denen Menschen mit Demenz üblicherweise begegnen, mit Phantasie und Nachdruck entgegen. Die Projektmitarbeiter begrüßten jede Person auf spezielle Weise – sie nahmen sie in den Arm und gaben ihnen auch einen Kuss, wenn diese es mochten. Jeder spürte, wie wichtig seine Anwesenheit war. Ähnliche Sorgfalt wurde auf das Abschiednehmen verwandt, wobei jedem Teilnehmer für das gedankt wurde, was er zum Gelingen des Treffens beigetragen hatte.

Die Erinnerungen der Teilnehmer stießen nicht nur auf interessierte Zuhörer, sie wurden auch zum Ausgangspunkt vielfältiger Aktivitäten, was wiederum zu Gelächter, Applaus und einer allgemeinen Stimmung der Akzeptanz und Gelassenheit beitrug. Alles geschah mit der erforderlichen Langsamkeit und Strukturiertheit, Lob und Zustimmung wurde an die Menschen mit Demenz und an ihre Angehörigen reichlich verteilt, galt es doch bei letzteren »personenzentriertes« Verhalten zu verstärken.

Die Treffen wurden zu einer Art Klub, dem man gerne angehörte. Immer war dort etwas los und man traf Menschen, mit denen man Freundschaften schließen konnte. In dem Maße, in dem die Gruppe zusammenwuchs, stieg auch das Selbstbewusstsein der Teilnehmer, wie die nachfolgenden Zitate belegen:

»M. genoss die Treffen und ging jedes Mal sehr vergnügt nach Hause.« »Die Beziehung zu den anderen Gruppenmitgliedern war nett. Das soziale Gefühl ist sehr wichtig. Ich fühle mich gar nicht mehr einsam.« »Wunderbares Projekt! Ich hatte gar nicht das Gefühl eines Projektes, es war eher, als würde man Freundschaften schließen.« (Kommentare von Angehörigen aus Bradford)

In Bradford berichtete eine Gruppenleiterin, wie sehr sich ein Teilnehmer gewandelt hatte. Da die Demenz ihn stark in seiner Sprache beeinträchtigte, war er aus vielen seiner bisherigen sozialen Kontakte ausgeschlossen: »Das Projekt bot ihm nun einen sicheren Rahmen, um neue und befriedigende Kontakte mit Menschen aufzunehmen. Er hat begonnen, eine Tagesstätte zu besuchen und ein Freiwilliger berichtete, dass er sichtbar aufgeblüht ist.«

Die Teilnehmer wünschten sich nach dem Projektende einen gemeinsamen Ort, an dem sie die positiven Erfahrungen fortsetzen konnten: »Die Teilnahme hat mir einen wöchentlichen Rhythmus gegeben.« (Angehöriger, Stockholm). »... schade, dass es nicht einfach immer weitergeht.« (Angehöriger, Bradford). Das Londoner Age Exchange Zentrum organisiert deshalb einmal im Monat offene Treffen für die ehemaligen Projektteilnehmer und lädt die ehemaligen Gruppenmitglieder zu all seinen Veranstaltungen ein. Nicht an allen Standorten ließen sich solche Angebote entwickeln. Mitunter ergriffen die Teilnehmer selbst die Initiative und organisieren etwa regelmäßige Spaziergänge und Kaffeehausbesuche.

Vielfach wird davon ausgegangen, dass die Wirkung von psychosozialen Interventionen nur kurz anhält, während die medikamentöse Behandlung – je nach der Art der Symptome – längerfristige Wirkung zeigt. Wie ein Diabetes ist die Demenz eine chronische Krankheit und führt für die Betroffenen vor allem zu sozialen Veränderungen. Befristete Kursmodelle, die den Teilnehmern in einem intensiven Lernangebot vermitteln, wie sie mit der Behinderung umgehen können, müssen folgenlos bleiben, wenn die flankierende Angebote – in unserem Fall unterstützende Gruppentreffen – fehlen.

Es scheint zu funktionieren – aber wo ist der Nachweis?

Mit der steigenden Zahl von Menschen mit Demenz und den damit verbundenen hohen Pflegekosten wächst das gesellschaftliche Interesse an einer möglichst langen Versorgung in der Familie. Vor Einführung der kognitionsfördernden Medikamente wurde Menschen mit der Diagnose Demenz nur selten eine Behandlung angeboten. Mit der Verfügbarkeit dieser Medikamente stieg die Erwartung an begleitende Maßnahmen. Der Wert psychosozialer Interventionen wird dabei zunehmend erkannt, wenn sie auch längst nicht im erforderlichen Umfang vorhanden sind.

Die Auswertung des RYCT Pilotprojektes belegt, dass sich die Beziehungs- und Kommunikationsstrukturen zwischen pflegenden Angehörigen und ihren Erkrankten beeinflussen lassen und dass eine bessere soziale Einbindung der betroffenen Familien möglich ist – alles Faktoren, die für die Aufrechterhaltung einer informellen Pflegebeziehung entscheidend sind. Um den Projektansatz allerdings als standardisierte Intervention zu etablieren, ist eine systematisierte Wirkungsforschung erforderlich. Das Vorgehen in einem so komplexen Verfahren muss genau beschrieben werden, um die Wirkungen qualitativ zu verstehen. Darüber hinaus ist die quantitative Evaluation unverzichtbar. Nur so kann RYCT allgemein Akzeptanz als Standardangebot bei der Versorgung von Menschen mit Demenz finden.

In Großbritannien konnten gerade Fördermittel zur Finanzierung einer Vorstudie eingeworben werden, die die Voraussetzungen für eine breite Erprobung von RYCT schaffen wird. Dabei sollen die wesentlichen Elemente des Arbeitsansatzes zu einem 12-wöchigen Gruppenprogramm zusammengefasst und die Evaluationsinstrumente verfeinert werden. Es liegen inzwischen genügend Instrumente vor, die sich zur Einschätzung unterschiedlicher Dimensionen des Verhaltens der Erkrankten und der Haltungen von Angehörigen eignen und die wir für unsere Zwecke weiterentwickeln werden. Insbesondere möchten wir genauere Aussagen treffen können über die Veränderungen in der Beziehungs- und der Kommunikationsqualität zwischen Pflegenden und Menschen mit Demenz. Modifizieren werden wir ein vorhandenes Instrument zur Messung des autobiographischen Gedächtnisses, den Aspekt der Kognition, der durch Erinnerungsaktivitäten am ehesten beeinflusst wird. Schließlich soll die Vorstudie ein Instrument zur kombinierten Wirkungsmessung testen, bei dem das Erleben einer bestimmten Situation sowohl aus der Sicht des Erkrankten wie auch des Angehörigen erhoben wird.

Wir werden eine überarbeitete Anleitung für die Gruppentreffen und die Messverfahren bei drei unterschiedlichen Angebotsträgern erproben. Dabei wollen vergleichen:
– gemischte Erinnerungsgruppen, an denen Angehörige und Erkrankte gemeinsam teilnehmen mit Gruppen, die eine übliche Betreuung erhalten und
– gemischte Erinnerungsgruppen mit Gruppen, an denen nur die Erkrankten teilnehmen.

Einige der Fragen, die wir hierdurch zu klären hoffen, sind:

– Fördert die Teilnahme an einer gemischten Gruppe die Beziehung und Kommunikation zwischen Angehörigen und Erkrankten eher als eine herkömmliche Betreuungsgruppe? Und welche Auswirkungen haben beide auf die Entlastung der Pflegenden?
– Haben gute Erfahrungen in einer Gruppe Auswirkungen über die Gruppentreffen hinaus?
– Halten positive Ergebnisse der Gruppentreffen nur an, wenn durch Nachfolgeangebote gestützt werden?
– Beeinflusst die Teilnahme an den Gruppen in irgendeiner Weise die Lebensqualität?

Je mehr die Demenz die Fähigkeiten zur Teilhabe beschneidet, desto wichtiger ist es, demenz-freundliche Begegnungsmöglichkeiten zu schaffen, von denen es längst nicht genügend gibt. Wir sind daher schon heute überzeugt, dass es keiner weiteren Evaluationen bedarf, um zu belegen, dass wir mit unseren Erinnerungsgruppen auf dem richtigen Weg sind. Immer noch aber scheinen es psychosoziale Interventionen schwer zu haben, sich durchzusetzen.

Mit der steigenden Zahl demenziell Erkrankter werden wir auch in unserem persönlichen Umfeld immer häufiger mit Demenz konfrontiert – auch hier können wir also durch unser eigenes Kommunikationsverhalten ganz praktisch zur sozialen Teilhabe der Erkrankten beitragen.

Anmerkung

1 Die Zitate der Projektbeteiligten stammen aus: Bruce E, Gibson F (1998) Evaluators' Report. In: Conference Papers: Remembering Yesterday, Caring Today. Wien 14./15. November 1998; London (Age Exchange).

Literatur

Brane G, Karlsson I, Kilgren M, Norberg A (1989) Integrity-promoting care of demented nursing home patients: psychological and biochemical changes. Int J of Geriatric Psychiatry 4:165–172.

Bruce E, Sturr C, Tibbs MA (2002) A special kind of care: improving well-being in people living with dementia. Derby: MHA Care Group [www.mha.org].

Gibson F (2004) The Past in the Present: Reminiscence in Health and Social Care. Baltimore MD (Health Professions Press).

Kitwood T (2000) Demenz. Der personenzentrierte Ansatz im Umgang mit verwirrten Menschen. Bern (Huber).

Pietrukowicz ME, Johnson MMS (1991) Using life history to individualise nursing home staff attitudes towards residents. Gerontologist 31:105–106.

Pitt B (1982) Psychogeriatrics – an Introduction to the Psychiatry of Old Age. Edinburgh (Churchill Livingstone).

Rader J (1995) Individualised Dementia Care: Creative Compassionate Approaches. New York (Springer).

Spector A, Thorgrimsen L, Woods B, Royan L, Davies S, Butterworth M, Orell M (2003) Efficacy of an evidence-based Cognitive Stimulation Therapy Programme for People with Dementia: Randomised Controlled Trial. British Journal of Psychiatry 183:248–254.

Trilling A, Bruce E, Hodgson S, Schweitzer P (2001) Erinnerungen pflegen. Unterstützung und Entlastung für Pflegende und Menschen mit Demenz. Hannover (Vincentz).

Woods RT, Mc Kiernan F (1995) Evaluating the Impact of Reminiscence on older people with Dementia. In: Haight BK, Webster J (Eds) The Art and Science of Reminiscing: Theory, Research, Methods and Applications. Washington DC (Taylor & Francis).

Zgola J M (1999) Care that Works: A Relationship approach to Persons with Dementia. London (John Hopkins Press).

Gruppenangebote für ältere Menschen – ein Allheilmittel?

Angelika Trilling und Meinolf Peters

Zusammenfassung

Gruppenarbeit mit Älteren ist eine inzwischen etablierte Angebotsform sowohl in der sozialen Altenarbeit wie auch im klinisch-therapeutischen Bereich. Die Autoren diskutieren aus diesen beiden professionellen Blickwinkeln kritisch, ob die Gruppe immer die angemessene Interventionsform ist und suchen nach Erklärungsmuster für die hohe Akzeptanz der Gruppenarbeit auf Seiten der Institutionen.

Stichworte: soziale Gruppenarbeit mit Älteren, Gruppenpsychotherapie mit Älteren

Abstract: Group Work for the Elderly – Always a Good Idea?

Group work with the elderly has become a widely accepted form of intervention both in social work and in psychotherapy. From the perspective of both fields of intervention the authors question the professionals' great enthusiasm to recommend group activities for the elderly and propose a more self critical approach.

Key words: social group work with the elderly, group therapy with the elderly

Einleitung

Von der Gruppenarbeit wird in der Altenarbeit gerne als Erfolgsstory erzählt. Nachfolgend ein Beispiel, das für viele steht:

»Ältere Menschen, die sich irgendwann einmal aufgerafft haben, um z. B. eine Begegnungsstätte zu besuchen und Gleichaltrige zu treffen, können sich später oft ihr Leben ohne diesen Treffpunkt nicht mehr vorstellen. Auffallend ist, dass die Personen, die kontinuierlich eine Begegnungsstätte besuchen, weniger über gesundheitliche Beschwerden und andere Probleme klagen als die Personen, die immer zurückgezogen leben.« (Joppig 1986, 15 ff.)

Als Gründe für den Besuch einer Begegnungsstätte nennt der Autor:
- man wird erwartet
- man ist *wer*
- man kann noch etwas leisten
- man möchte Geselligkeit und Gemeinschaft erleben
- man nimmt teil am gesellschaftlichen und kulturellen Leben

So erlebe der ältere Mensch »eine Steigerung seines Selbstwertgefühls« und nehme negative Aspekte des Alterns »erfahrungsgemäß weniger wichtig«. (Joppig ebd.)

Aus diesen Worten spricht eine Erfahrung, die sich im Alltag der Seniorenarbeit mühelos bestätigen lässt und sich landauf-landab vielfältiger Umsetzung erfreut. Selbst der Gesetzgeber hat Städte und Gemeinden als Träger der Sozialhilfe beauftragt, »alten Menschen die Möglichkeit zu erhalten, am Leben in der Gemeinschaft teilzunehmen« (§ 71 Sozialgesetzbuch XII). Aus dieser recht offenen Formulierung speisen sich Motivation zu und Finanzierung von Gruppenveranstaltungen, die unter dem Motto »gemeinsam statt einsam« stehen. Vom Seniorenkarneval über die Seniorendampferfahrt bis hin zum Seniorenkegeln wird hierbei wohl kaum eine Form der Geselligkeit ausgelassen. Das Gruppenerlebnis soll kompensieren helfen, was mit dem Ausscheiden aus dem Erwerbsleben und durch gesundheitliche Einschränkungen an sozialen Kontakten verloren gegangen ist. Dass dies häufig, trotz anfänglicher Skepsis seitens der Zielgruppe klappt, belegt das eingangs angeführte Zitat.

Historische Entwicklung der Gruppenangebote

In der Ausgestaltung der Angebote kann man die gesellschaftlichen Entwicklungen der (alten) Bundesrepublik und die sich wandelnden Altersbilder gerade nachvollziehen. Die ersten Treffpunkte für Ältere in den frühen 60er

Jahren entstanden aus der Tradition der »Wärmestuben«. Für die damals in der Tat materiell vielfach schlecht gestellten Rentner und (Krieger-)Witwen sollte zumindest an einem Nachmittag in der Woche Ansprache und Aufmunterung bei einer Tasse Kaffee angeboten werden (persönliche Mitteilung des Gründers der Lebensabendbewegung E. Ziemer). Die Veranstaltungen – meist von ehrenamtlichen Helferinnen bei Wohlfahrtsverbänden und Kirchengemeinden organisiert – waren getragen von einer Haltung der Mildtätigkeit und bedienten sich des damals alltagstheoretisch wie wissenschaftlich dominierenden Defizitbildes des Alters.

Als Zäsur für die materielle wie ideelle Befindlichkeit der Älteren ist die Rentenreform von 1957 zu sehen: Sie bahnte für die meisten den Weg aus der sprichwörtlichen »Altersarmut«. Das nunmehr gesicherte Einkommen eröffnete überhaupt erst die Chance, dem Alter als eigener Lebensphase individuell und sozialwissenschaftlich Aufmerksamkeit zu widmen: »Erst durch Wirtschaftsprozesse und Sozialpolitik wird eine generalisiertere soziale Passage konstituiert und auch finanziell ausgestattet. Dann allerdings beginnt der neue und andauernde Modellierungsbedarf von Alter als Alter, wie er sich seit den 1950er Jahren findet.« (Göckenjan 2000, 379) Angesichts des Rollenverlusts, der mit dem Ausscheiden aus dem Arbeitsleben erfolgt, fordert René König bereits 1960 die »Enkulturation« des Alters (Göckenjan 2000, 384) und liefert die theoretische Begründung für ein sich in den nächsten Jahrzehnten entfaltendes Angebotsspektrum, das »dem Einzelnen hilft, seine soziale Funktionsfähigkeit durch sinnvolle Gruppenerlebnisse zu erkennen, um so persönlichen, Gruppen- oder gesellschaftlichen Problemen besser gewachsen zu sein« (Konopka 1968, 67). Die Entwicklung der sozialen Gruppenarbeit für Ältere als Sozialisierungshilfe für die Dritte Lebensphase erhielt ihre wissenschaftliche Begründung durch die sich langsam verbreitenden Erkenntnisse über das fortbestehende Lernvermögen älterer und hochaltriger Menschen (z. B. Lehr U 1968). Die Umsetzung etwa in spezifische Seniorenbildungsprogramme wurde dann durch die Herausbildung einer spezifischen Didaktik für Ältere, der »Geragogik« (z. B. Ruprecht 1972) gefördert.

Unterschiedliche Professionen engagierten sich unmittelbar und vor allem mittelbar in diesem Prozess. Waren Angebote der offenen Altenarbeit lange von ehrenamtlichen Helfern dominiert, so erhielten diese jetzt zunehmend Qualifizierungsmöglichkeiten in Form von Kursen, fachlicher Begleitung und einschlägiger Literatur. Einzelne Organisationen bildeten sich heraus –

wie etwa der Bundesverband Seniorentanz mit zahlreichen Untergliederungen. Sportvereine qualifizierten ehrenamtliche Übungsleiter im Seniorenbereich, Kirchen stellten ihren Seniorengruppenleitern fachliche Berater zu Seite, Volkshochschulen schufen eigenständige Fachbereiche für Seniorenarbeit. Kritiker warnten angesichts dieses Booms postwendend vor einer »Verschulung des Alters« (z. B. Gronemeyer 1989, 146).

Eine ähnliche Entwicklung lässt sich für den Bereich der Psychotherapie ausmachen. Die – wenn auch zaghafte – Entwicklung psychotherapeutischer Angebote für ältere Menschen umfasste früh schon die Gruppenarbeit und Radebold, Bechtler und Pina stellten bereits vor 20 Jahren lapidar fest: »Die positiven Auswirkungen der Gruppenarbeit mit Älteren, die mit unterschiedlicher Zielrichtung und nach unterschiedlichen Vorgehensweisen durchgeführt wird, sind bekannt.« (1984, 433). Speziell für die Gruppenpsychotherapie führten sie aus:

»In der therapeutischen Arbeit wird die Gruppe von den Älteren als Schutz erlebt. Das Sprechen über schwierige Themen, z. B. das Erleben der Berentung, Sexualität, Partnerverlust sowie Sterben und Tod, fällt manchem Älteren in der Gruppe leichter, da es hier zunächst mehr in allgemeiner Form, distanzierter und damit losgelöst von den eigenen schmerzliche Erfahrungen geschehen kann. Gemeinsames Erleben (und auch u. U. gemeinsames Tun) führt zur Entwicklung eines gegenseitigen Verantwortungsbewusstseins, welches die Älteren auch außerhalb der Gruppe zu praktischer Hilfe und Unterstützung motiviert. Schließlich bietet die Gruppe ein vielseitiges Lernfeld, in dem besonders neue zwischenmenschliche Erfahrungen gemacht und erprobt werden, die anschießend auf Alltagssituation draußen übertragen werden können.«

Inzwischen liegen, wenn auch nicht in sehr großer Zahl, wissenschaftliche Studien zum Nachweis der Wirksamkeit der Gruppenpsychotherapie bei Älteren vor (Schneider u. Heuft 2001).

Einige kritische Fragen

Eine positive Bewertung durchzieht sowohl die Literatur zur Gruppenarbeit wie die zur Gruppentherapie. So wird im Editorial des Schwerpunktheftes »Gruppen mit Älteren: Therapieansätze und Erfahrungen« der Zeitschrift Gruppenpsychotherapie und Gruppendynamik die Auffassung vertreten, dass die Gruppe einen geschützten Raum darstelle, in dem sich der ältere Mensch akzeptiert und verstanden fühle. Die Gruppe als Ganzes wird gleichgesetzt mit einer Mutter, die Schutz und Geborgenheit gewährt. Und weiter: »Das Gefühl der Zugehörigkeit, das Erleben des Angenommenseins in der Gruppe trägt zur Wiederherstellung des narzisstischen Gleichgewichts bei, das alten Menschen durch vielfältige Verlusterfahrungen und Altersveränderungen teilweise verlorengegangen ist« (Krebs-Roubicek 2004, 103).

Wir finden hier also einen vergleichbaren, fast ausschließlich positiven Tonfall, der keinen Zweifel an der Nützlichkeit des beschriebenen Verfahrens aufkommen lässt. Doch entspricht diese positive Sicht auch dem Denken und Erleben der älteren Menschen selbst? Es fällt zumindest auf, dass an keiner Stelle die simple Frage gestellt wird, ob auch sie die Gruppe so positiv sehen, wie es die Fachwelt postuliert. In einer eigenen Befragung in einer Psychosomatischen Klinik konnten wir dies jedenfalls nicht bestätigt finden. Vielmehr zeigten die älteren im Vergleich zu jüngeren Patienten ein gehöriges Maß an Skepsis und Vorbehalten gegenüber dem dort standardmäßig vorgehaltenen Angebot der psychotherapeutischen Gruppenarbeit (Peters et al. 2002). Aus der offenen Altenarbeit wird – eher schmunzelnd – berichtet, wie oft ältere Menschen den wohlmeinenden Vorschlag (der Tochter, der Sozialarbeiterin oder des Pfarrers), doch eine Seniorenveranstaltung zu besuchen, mit der Begründung »da sind mir zu viele alte Leute« ablehnen. Nur selten wird dieser Vorbehalt ernst genommen, geschweige denn der sorgfältigen Reflexion unterzogen. Wir möchten dies zum Anlass nehmen, (selbst-)kritisch die Frage zu beleuchten, was die Akteure in Altenarbeit und Psychotherapie bewegen mag, das Heil des Alters in der Gruppe zu sehen. Hierzu drei Thesen:

1. Gruppe und Wunsch nach Abgrenzung: Ältere Menschen lehnen den organisierten Kontakt mit Gleichaltrigen ab, um nicht mit eigenen Defiziten konfrontiert zu werden.
2. Gruppe und Generationsgeschmack: Der Wunsch nach Gruppenerfahrung ist generationsspezifisch unterschiedlich ausgeprägt und eher in der Sozialisation der heute tätigen Therapeuten und Sozialarbeiter verwurzelt.
3. Entsorgung in der Gruppe? Bei dem Versuch Ältere an eine Gruppe zu verweisen, geht es auch um einen Distanzierungsvorgang, der möglicherweise dazu dient, eine zu anstrengende oder bedrohliche Nähe zu vermeiden.

Gruppe und der Wunsch nach Abgrenzung

Als Kontraindikationen für die Teilnahme Älterer an Gruppenaktivitäten werden in der Literatur meist nur Gründe wie Schwerhörigkeit oder fortgeschrittene Demenz angeführt. Dabei handelt es sich um pragmatisch-funktionelle Einschränkungen aus Sicht der Gruppenleitung und weniger um Argumente, die Ältere selbst vorbringen.

Mit leiser Ironie spricht Max Frisch über seinen Widerstand, wenn er auf Gleichaltrige trifft: »Er freut sich nicht, Leute seines Jahrgangs begrüßen zu müssen, ehemalige Mitschüler mit Bauch und Glatze; er ist bei solchen Anlässen etwas verlegen, vor allem wenn ihn eine Freundin begleitet, eigentlich auch sonst.« (Frisch 1977, 133)

Damit wäre die Annahme, dass Ältere die Gruppe mit der Schutz und Geborgenheit gewährenden Mutter gleichsetzen, zumindest mit einem Fragezeichen zu versehen, zumal dieser Annahme ein regressives, d. h. defizitäres Bild eines schutzbedürftigen Menschen zugrunde liegt. Auch im Alter geht es der Person schließlich nicht ausschließlich um Schutz und Geborgenheit, sondern eben auch um Abgrenzung und Wahrung von Würde – und genau hierauf will Max Frisch hinaus. Während der (jüngere) Therapeut also geneigt scheint anzunehmen, der ältere Mensch sehe sich als hilfsbedürftig und suche nach stützender Anlehnung in der Gruppe Gleicher, trachtet dieser mitunter danach, durch Abgrenzung das eigene Selbst zu schützen und höchstens – und solange es noch geht – so genannte Abwärtsvergleiche zur narzisstischen Aufwertung einzusetzen: »Alt sind die anderen, nicht ich!« Allerdings geht es dabei nicht nur um die Verleugnung des eigenen Alters, wie Max Frisch mit seiner Bemerkung nahe legt. Mindestens eben so bedeutsam mag das Bemühen sein, die eigene Individualität zur Geltung zu bringen in einer Zeit, in der man als nichts anderes wahrgenommen wird als ein ›Senior‹ – ein Schlagwort das Unterschiede nivelliert und das in Zeiten der Diskussionen um Überalterung oder Vergreisung Ängste schürt.

Auf die Ambivalenz des Gruppengeschehens weist Tschuschke (2002) hin. Er stellt die Wirkung der Gruppe als Mittel gegen die Einsamkeit ganz grundsätzlich in frage und widerspricht damit der in der sozialen und therapeutischen Arbeit gehegten Hoffnung, sie sei ein probates Mittel gegen die Isolation im Alter. Für Tschuschke arbeitet die Gruppe immer mit dem Faktor ›Der Andere‹ und lässt so auf ganz besondere Weise die Getrenntheit vom Anderen und die unüberwindliche Kluft zwischen Individuum und Welt erfahrbar werden. In der therapeutischen Gruppe zeigt sich gerade das fundamentale Dilemma der menschlichen Existenz, die Spannung zwischen Bindung und Autonomie, von ›Fusion und Isolation‹. Aus der Erkenntnis der Einsamkeit im Universum und der eigenen Endlichkeit entstehen dann oft die Motivation zu sozialer Nähe und eine unreife Suche nach Symbiose.

Auch Fromm, auf den Tschuschke verweist, hat bereits 1956 ganz ähnlich argumentiert. Er beschrieb als menschliches Dilemma, die Urangst der Getrenntheit überwinden zu müssen und dennoch selbständiges Individuum bleiben zu wollen.

Legen wir eine solche konfliktorientierte Sichtweise zugrunde, gewinnen wir einen anderen Blick auf den Umgang mit Gruppen, der dem zwiespältigen Erleben der Älteren eher angemessen sein dürfte. Verstehen wir diese grundlegende Problematik, können wir auch das Unbehagen nachempfinden, das manch Älteren angesichts des Ansinnens erfasst, sich einer therapeutischen Gruppe ›auszuliefern‹ – eine Herausforderung mehr, als habe er nicht bereits hinlänglich Mühen mit dem Älterwerden.

Ein kurzer Blick in den Gemeinschaftsbereich einer beliebigen Pflegeeinrichtung verdeutlicht, dass es den dort Versammelten eine Anstrengung zu viel ist, sich mit den Anderen dort aus eigenem Antrieb in eine Gruppenbeziehung zu begeben. Und so sitzt die überwiegende Zahl der Bewohner recht interaktionsarm nebeneinander. Vielleicht empfinden sie auch aufgrund ihrer sich – zumindest bei objektiver Betrachtung – höchst ähnlichen gesundheitlichen und sozialen Verfasstheit, ihrer Schmerzen und Behinderungen, in weitaus stärkerem Maße ihre Einsamkeit und ihr Getrenntsein voneinander.

Gruppe und Generationsgeschmack

Horst Eberhard Richter (2004) hat in einem Aufsatz mit dem Titel Die *Gruppe im Wandel des Zeitgeistes* die Bedeutung der Gruppe für eine bestimmte historische Situation und die von ihr geprägten Kohorten untersucht. Er geht davon aus, dass die Gruppe – sei es als Gruppentherapie, als Selbsthilfegruppe, als Bürgerinitiative, als Wohngemeinschaft oder was auch immer – in der Zeit des Aufbruchs und der sozialen Utopien der Willy-Brandt-Ära zum Modell für eine solidarische Mikrogesellschaft wurde. In ihrem Streben nach hierarchiefreien Zusammenschlüssen versuchten sich die Angehörigen dieser pauschalisierend gern als »68er« bezeichneten Generation an einem

Gegenentwurf zu den verkrusteten und erstarrten »kleinbürgerlichen« Verhältnissen der Nachkriegszeit. Dieses Streben prägte in seinem idealistischen Gehalt und in vielen – wenn auch oft gescheiterten – Projekten wenn schon nicht die gesamte Generation, so doch ihre bildungsbürgerlichen Teilgruppierungen.

Mit dieser Prägung unterscheiden sie sich von den mentalen Orientierungen ihrer Vorgänger, die man mit Heinz Bude der »Flakhelfergeneration« zurechnen könnte (Bude 1999, 204). Ihr Lebensthema war es geradezu, sich nach den gescheiterten Experimenten mit Gruppen und Gemeinschaften pragmatisch und auf sich gestellt den aktuellen Herausforderungen zu stellen. Sie, die heute zwischen 70 und 80 Jahre alt sind, sind inzwischen auch die Patienten der Gerontopsychiatrie und die Nutzer der Altenarbeit. Der Soziologe Schelsky nannte sie einst die »skeptische Generation«, befand aber gleichzeitig, dass es ihnen bei aller Skepsis auch immer schwer gefallen sei, »Nein zu sagen« (Bude 1999, 200). So verkneifen sie sich vielleicht auch ihr »Nein!«, wenn wir ihnen die Teilnahme an einer Gruppentherapie nahe legen oder sie in eine Seniorenmalgruppe schicken. Mitunter rächen sie sich für ihre Nachgiebigkeit, indem sie an der destruktiven Dynamik mitwirken, die häufig bei diesen Gruppen beschrieben wird (Bechtler 1994), eine Destruktivität, die sich auch in einem beharrlichen Schweigen äußern kann und jede konstruktive Bearbeitung verhindert.

Projizieren wir also nicht unsere generationstypischen Erfahrungen, unsere »Gruppensehnsucht« auf die Älteren und setzen uns damit selbstbezogen und selbstgerecht über deren Skepsis hinweg? Diese fehlende biographische Einfühlung wirkt sich um so fataler aus, als es doch die Angehörigen der 68er Generation sind, die mittlerweile die Schlüsselpositionen in Kliniken und Alteneinrichtungen innehaben und nicht nur für deren Konzepte, sondern auch für deren Evaluation und Fortschreibung verantwortlich zeichnen. Mehr noch: Diese Generation hat inzwischen selbst ihren Zenit überschritten und befindet sich bereits vielfach an der Schwelle zum Alter. Könnte es sein, dass ihre Gruppensehnsucht, an der sie so beharrlich festhält, auch etwas mit ihrem eigenen Älterwerden und den Ängsten davor zu tun hat, handelt es sich doch um die erste Generation, die sich auf ein postmodernes Alter mit ausgedünnter familiärer Einbettung einstellen muss.

Entsorgung in der Gruppe?

Viel ist inzwischen über die Vorbehalte jüngerer Psychotherapeuten und Ärzte, Sozialarbeiter und anderer Mitarbeiter in Altenarbeit und Altenpflege gegenüber den Älteren geschrieben worden. Die Probleme von Übertragung und Gegenübertragung im Falle von Helferbeziehungen sind hinreichend benannt worden (z. B. Radebold 1992). Lehnen Angehörige der helfenden Professionen also die Behandlung oder Begleitung Älterer ab, kann dies als Wunsch verstanden werden, sich selbst vor Kränkung zu schützen und eine verunsichernde umgekehrte Übertragung zu vermeiden, in der sie in einer Sohn- oder Tochterposition wahrgenommen werden. Eine Bestätigung fanden wir in eigenen Erhebungen, die zeigten, dass in einer Psychosomatischen Klinik mit älteren Patienten weniger psychotherapeutische Behandlungseinheiten durchgeführt wurden als mit jüngeren (Peters et al. 2002). Darin drückt sich sicher die Skepsis aus, ob ältere Menschen den Anforderungen an Verbalisierung, Abstraktion und Konzentration gewachsen sind, die eine Psychotherapie erfordert. Allerdings fiel noch etwas anderes auf: Diejenigen Älteren, die eine hohe Bereitschaft zur Psychotherapie an den Tag legten, erhielten weniger Psychotherapie und überproportional häufiger physio- und sporttherapeutische Anwendungen als die älteren Patienten, die nur wenig an Psychotherapie interessiert waren. Dieses Ergebnis legt zumindest die Frage nahe, ob Ärzte und Psychologen nicht besonders zu den Patienten Distanz wahren, die sich zu einer intensiveren Psychotherapie bereit zeigen, weil sie fürchten dort zu intensiv mit den Fragen und Nöten konfrontiert zu werden, die den älteren Menschen beschäftigen und bedrängen.

Auch wenn in diesen Ergebnissen noch nicht die Gruppe als Ort der ›Entsorgung‹ auftaucht, erinnert die oben angesprochene Tendenz doch an Jean Améry, wenn er von der »über den un-jungen Menschen verhängte hygienische Isolierung, der Quarantäne« (1977, 63) schreibt. Auch ein Gruppensetting schafft etwas von dieser hygienischen Isolierung: Schon aufgrund der dort anwesenden Personenzahl können der Therapeut und Gruppenleiter, der im Einzelkontakt unvermeidbaren Nähe und Konfrontation ausweichen. Die Gruppe, als »eine Reihe von Personen, die in einer bestimmten Zeitspanne häufig miteinander Umgang haben und deren Anzahl so gering ist, dass jede Person mit allen Personen in Beziehung treten kann, und zwar nicht nur unmittelbar über andere Menschen, sondern von Angesicht zu Angesicht.« (Homan 1960, 29) bietet Distanzierungsmöglichkeiten, die sich zudem noch als besonders professionell darstellen lassen. Die Zumutung der Nähe verteilt sich ganz automatisch auf mehrere (ältere) Schultern.

Ist die ›Gruppenphilosophie‹ also nicht eine perfekte Rationalisierung unserer eigenen Ängste und Ausdruck unserer eigenen Abwehrhaltung? Von der Rationalisierung im ökonomischen Sinne, die kostenträchtige Leistungen gleichzeitig für mehrere verfügbar macht, soll hier nicht gesprochen werden, obwohl auch diese ein machtvolles Motiv der »Vergruppung« darstellt.

Das strategische Interesse der Distanzierung durch Gruppensituationen mag sich auch hinter manch einer Initiative zur Begegnung in Alt-und-Jung-Projekten verbergen. Die mittlere Generation der »Macher« idealisiert hier gerne Szenarien der »natürlichen« Interessenidentität von Kindern und alten Menschen, stehen sie beide doch noch bzw. schon außerhalb der gesellschaftlichen Verantwortung – quasi in permanentes Spiel entlassen. Kinder – so die Erwartung – finden tatsächlich noch interessant, was die Alten zu erzählen wissen und die Alten erfreuen sich an der Ungezwungenheit ohne Vorbehalte der Kleinen. Aus der Sicht der Alten formuliert denn auch Böhme: »Wie alt der Mensch geworden ist, erfährt er durch den Blick auf die Kindheit (...) Und indem die Welt in gleichem Maße an Bedeutung verlierend, immer mehr zurücktritt, nähert sich der alte Mensch dem, was die Kindheit bestimmte: das reine Beisichsein.« (Böhme G 1994, 25)

Natürlich soll den vielen anregenden und erfolgreichen generationsübergreifenden Begegnungen, die für beide Seiten neben Spaß und Freude auch spezifische Möglichkeiten des sozialen Lernens in einer immer stärker auch nach Altersgruppen gespaltenen Gesellschaft bieten, mit diesen Ausführungen nicht in Bausch und Bogen verdammen (Schweitzer 1994) – doch eine Frage nach den jeweiligen Motiven sollte gestattet sein.

Die Hilf- und Ratlosigkeit, die sich der Therapeuten und Altenarbeiter bemächtigen mag, angesichts infauster Prognosen, gescheiterter Sinnsuche und irreparabler Familienbeziehung älterer und hochaltriger Menschen, erfordert schließlich im Einzelkontakt ein Maß an emotionaler Stärke, das man durchaus nicht immer aufzubringen bereit ist oder in der Lage sein muss.

Versuch eines Resümees

Es wäre abwegig, den Sinn von Gruppentherapie und Gruppenarbeit grundsätzlich in Frage stellen zu wollen. Doch scheint uns, dass diese manchmal allzu unkritisch eingesetzt und nur in ihren positiven Wirkungen wahrgenommen werden. Hierzu tragen natürlich auch die Älteren selbst bei, die ihre Ängste und Abneigungen nicht unbedingt aussprechen. Statt einen Konflikt zu riskieren, wählen sie den leichteren Weg und gliedern sich dem Therapeuten oder der netten jungen Leiterin zuliebe in das ungeliebte Gruppenangebot ein.

Wir sollten also der großen Unterschiedlichkeit der heute Älteren gewahr sein und zu respektieren suchen, dass die Gruppe kein »Allheilmittel« ist. Wenn es dann gelingt, den diagnostischen Blick von übertragungsbedingten Einfärbungen zu befreien, gerät der einzelne Ältere mit seinen Wünschen, Neigungen und Vorbehalten ins Blickfeld und es tut sich die Chance des Dialogs auf. Die Formulierung, dass sich ein Älterer nicht »auf einen Gruppenprozess einzulassen vermag« sollte allerdings aufhorchen lassen, klingt in ihr doch die Annahme eines Defizits an und unterstellt, dass eine Person nicht (mehr) in der Lage ist, am Gruppenprozess teilzuhaben, geschweige denn davon zu profitieren. Gewiss, manche Personen sind erstarrt, ihre Abwehr ist verkrustet, sie haben sich in eine misstrauische Haltung zurückgezogen und vermögen kaum, sich konstruktiv auf andere zu beziehen. Es liegen also Einschränkungen – vergleichbar der oben angesprochenen Schwerhörigkeit – vor, die eine Gruppenteilnahme tatsächlich problematisch machen können. Aber es gilt eben auch die Möglichkeit in Betracht zu ziehen, dass sich Ältere einfach nicht mehr auf so viele Beziehungen einlassen möchten, dass sie wählerischer sind, was den Umgang mit anderen und die Art, wie sie ihre knapper werdende Zeit verbringen, angeht. Vielleicht sind sie tatsächlich weniger auf Rückmeldungen durch andere zur Aufrechterhaltung ihres Narzissmus angewiesen oder hat eine wachsende Introvertiertheit die Abhängigkeit von einem sozialen Resonanzboden verringert. Die gerontologische Theorie der emotionalen Selektivität, hat dies überzeugend postuliert (vgl. Kruse 1999). Demnach können es sich Ältere leisten, nur Beziehungen zu den ihnen wichtigen Personen zu pflegen, während Jüngere auch aus anderen Gründen – etwa um beruflich weiter zu kommen – Kontakte suchen und aufrechterhalten.

»Er irrt in Parks, Wärmestuben und Lesehallen umher, ständig auf der Flucht vor sich selbst, aber auch auf der Suche nach Wärme und Gespräch.« (Groth 1954, 79) – ein Hilferuf, der nicht unbedingt mit einem Gruppenangebot beantwortet werden muss. Denn vielleicht verstärkt sich im Alter auch der Wunsch, angesichts eingetretener Verluste oder eines einsetzenden Abbaus, in seiner Individualität gesehen und erkannt zu werden, ein Wunsch, der in einer Gruppe zweifellos weniger zum Tragen kommen kann. Wenn also ein Älterer Bedenken im Hinblick auf eine Gruppenteilnahme äußert oder anklingen lässt, dann sollten wir schon einmal unsere (generationsgeprägte) Brille absetzen, um nicht zu übersehen, dass dieser Skepsis auch entwicklungsorientierte Motive zugrunde liegen können.

Literatur

Améry J (1977) Über das Altern. Revolte und Resignation. Stuttgart (Klett-Cotta).

Böhme G (1994) Kindheit im Lichte des Alters. In: Ders (Hg): Kindheit. Über die Relation von Alter und Kindheit. Idstein (Schulz-Kirchner).

Bude Heinz (1999) Die Erinnerung der Generation. In: Schulz-Jander E et al. (Hg) Erinnern und Erben in Deutschland. Kassel (Euregio) 189–211.

Frisch M (1974) Tagebuch 1966 –1971. Frankfurt (Suhrkamp).

Göckenjan G (2000) Das Alter würdigen. Frankfurt (Suhrkamp).

Gronemeyer R (1989) Die Entfernung vom Wolfsrudel. Über den drohenden Krieg der Jungen gegen die Alten. Düsseldorf (Claassen).

Groth S (1954) Das Alter im Aufbruch des Daseins. Frankfurt. zit. Göckenjan.

Homan G C (1960) Theorie der sozialen Gruppe. Köln/Opladen (Westdeutscher).

Joppig W (1986) Gruppenarbeit mit Senioren. München (Bardtenschlager).

Konopka G (1968): Soziale Gruppenarbeit – ein helfender Prozess. Weinheim (Beltz).

Krebs-Roubicek (2004) Editorial. Schwerpunkt Gruppen mit Älteren: Therapieansätze und Erfahrungen. Gruppenpsychotherapie und Gruppendynamik 40:101–105.

Kruse A, Wahl H-W (1999) Soziale Beziehungen. III. Zeitschrift für Gerontologie und Geriatrie 32:333–348.

Lehr U (1977) Psychologie des Alters. Heidelberg.

Peters M, Radebold H, Hübner S (2002) Stationäre Gerontopsychosomatik. Ergebnisse zum Behandlungsaufwand und Behandlungserleben. Zeitschrift für Gerontopsychologie und -psychiatrie 15:33–45.

Radebold H, Bechtler H, Pina I (1984) Therapeutische Arbeit mit älteren Menschen. Freiburg (Lambertus).

Radebold H (1992). Psychdynamik und Psychotherapie Älterer. Berlin (Springer).

Richter H-E (1999) Die Gruppe im Wandel des Zeitgeistes. Gruppenpsychotherapie und Gruppendynamik 35:175–188.

Ruprecht H (1972) Lernen für das Älterwerden. Heidelberg.

Schneider G, Heuft G (2001) Gruppenpsychotherapie mit alten Menschen. In: Tschuschke V (Hg) Praxis der Gruppenpsychotherapie. Stuttgart (Thieme) 312–318.

Schweitzer P (1994) Erinnerungsprojekte für Kinder und ältere Menschen. Köln (Kuratorium deutsche Altershilfe).

Tschuschke V (2002) Die Anderen in der Gruppe – therapeutische Chancen, aber auch Risiken? Jahrbuch der Gruppenanalyse, 53–63.

Korrespondenzadressen

Dr. phil. Meinolf Peters
Diplom-Psychologe/Psychoanalytiker
Schwanallee 48 a, 35037 Marburg
E-Mail: Meinolf-Peters@t-online.de

Dipl. Päd. Angelika Trilling
Stadt Kassel, Referat für Altenarbeit
34112 Kassel
E-Mail: angelika.trilling@stadt-kassel.de

Ralf Vogt

Beseelbare Therapieobjekte

Neue Wege in der
Körper- und
Traumatherapie

edition psychosozial

Psychosozial-Verlag

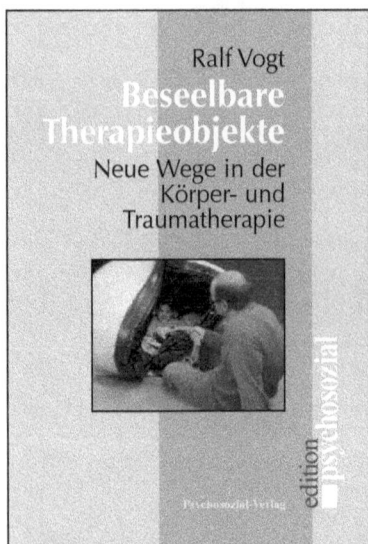

2004 · 301 Seiten · Broschur
EUR (D) 29,90 · SFr 52,20
ISBN 3-89806-357-7

Ralf Vogt stellt eine neue Form der Körpertherapie vor, die als Einzel-
und als Gruppenpsychotherapie anwendbar ist. Kernstück des origi-
nellen Konzeptes sind »beseelbare Objekte«, mit deren Hilfe typische
Konfkliktsituationen inszeniert und Problemlösungen spielerisch
erprobt werden können. Dabei werden Objekte - beispielsweise eine
kuschelige Höhle, in die man hineinkriechen kann - verwendet, die der
Autor eigens für die psychotherapeutische Arbeit entworfen hat. Diese
»beseelbaren Therapie-Objekte« stellen insbesondere in der Arbeit mit
traumatisierten und mit psychosomatisch gestörten Patienten ein wichtiges Hilfsmittel dar, um zu den verschütteten Affekten der Patienten
Zugang zu bekommen. In anschaulichen Fallbeispiele schildert der
Autor seine Arbeitsweise. Eine empirische Evaluation rundet das Buch
ab.

P🏛V
Psychosozial-Verlag

Problemadaptierte Gruppenpsychotherapie im teilstationären Setting

Ulrich Schmid-Furstoss

Zusammenfassung

Die problemadaptierte Gruppenpsychotherapie ist ein wichtiger Bestandteil der tagesklinischen Behandlung für differenzierte und belastbare Patienten. Sie bietet die Möglichkeit auf die jeweiligen Beschwerden im Rahmen der psychischen Erkrankung einzugehen. Inhalte und Zielsetzungen der problemadaptierten Gruppenpsychotherapie werden erläutert, bei der es drei thematische Schwerpunkte gibt: 1. Erleben und Verändern von Symptomen und Problemen, 2. Symptommanagement durch Psychoedukation und 3. Förderung der Lebensqualität. Zu den ersten beiden Schwerpunkten werden Gruppensitzungen vorgestellt.

Stichworte: Gruppenpsychotherapie im Alter, Tagesklinik, Gerontopsychiatrie

Abstract: Problem Adapted Group Psychotherapy in a Day Clinic

Problem adapted group therapy is a key ingredient in day clinic treatment of patients with a complex and resourceful personality, addressing specifically the respective individual symptoms. Contents and goals of problem adapted group therapy are illustrated by its three main topics: 1. perception and alteration of symptoms and problems, 2. management of symptoms by means of psycho-education and 3. improvement on quality of life. 1 and 2 are illustrated by transcripts of group-sessions.

Key words: group psychotherapy with elderly people, day clinic, psychogeriatry

Die gerontopsychiatrische Tagesklinik der Evangelischen Stiftung Tannenhof ist Teil des Gerontopsychiatrischen Zentrums Wuppertal. Sie befindet sich im Zentrum von Wuppertal-Elberfeld und in ihr werden jeweils 15 ältere Menschen vom 60. bis zum 90. Lebensjahr vorwiegend mit Depressionen (ca. 70 %) behandelt. Jedoch werden auch zu drei gleichen Teilen Menschen mit Angst- und somatoformen Störungen, mit Schizophrenien sowie mit beginnenden demenziellen Störungen aufgenommen.

Einleitung

In einem Vorgespräch wird die Indikation für die tagesklinische Behandlung gestellt, wobei die häusliche Versorgung berücksichtigt wird. Dann werden individuelle Behandlungsziele vereinbart, die in Therapieplanbesprechungen wöchentlich aktualisiert werden.

Das Therapieprogramm besteht aus Morgengymnastik, Entspannungstherapie (Autogenes- und Jacobsen Training), Aktivitätsgruppe und Morgenrunde. Daneben werden die Patienten in zwei Gruppen eingeteilt, die sich nach psychischer Belastbarkeit und Differenziertheit im Denken unterscheiden. Die Gruppe mit belastbareren Patienten erhält Gruppenpsychotherapie und Musiktherapie, während die andere an der Biografiegruppe und dem Singen teilnimmt. Die Gruppeneinteilung gilt auch für die Ergotherapie und die Krankengymnastik. Maltherapie kann als zusätzliches Angebot gewählt werden. Die Aufgabe der tagesklinischen Behandlung besteht in erster Linie in der Überwindung der psychischen Erkrankung und in der Förderung von Lebensqualität. Die Vorbereitung der sozialen Integration für die Zeit nach der tagesklinischen Behandlung hat einen hohen Stellenwert.

Die Patienten, die in die Tagesklinik kommen, haben in der Regel völlig andere Gruppenerfahrungen als die Behandler. Der überwiegende Teil unserer Patienten ist weiblich (über 70 %), hat einen Volksschulabschluss (8. Klasse) und keine abgeschlossene Berufsausbildung, da die Bildungschancen der Kriegs- und Nachkriegsgeneration eingeschränkt waren. Gruppenerfahrungen bestanden im Berufsumfeld, in der Familie, in Vereinen und in der Kirche.

Auch wenn die Erfahrungen der Nachkriegsgeneration weniger von hierarchischen Strukturen wie beispielsweise in der Hitlerjugend oder im Bund deutscher Mädchen bzw. der Wehrmacht geprägt waren, so ist es auch für diese älteren Menschen etwas Neues, in der Gruppe offen über die eigene

Befindlichkeit, über Beschwerden und über Belastungen zu sprechen. Die Hürde erscheint allerdings deutlich geringer als bei der Kriegsgeneration. Die Patienten in der gerontopsychiatrischen Tagesklinik sind sehr unterschiedlich. Manche sind körperliche gesund, andere sind z. B. aufgrund einer schweren Herz – Kreislauf – Schwäche gefährdet. Entsprechend unterscheidet sich die Belastbarkeit. Auch in der geistigen Differenziertheit unterscheiden sich die Patienten mit kriegsbedingt verkürzter Schulbildung und fehlender Berufsausbildung von Patienten mit einer lebenslangen geistig anspruchvollen Tätigkeit. Die Schwere der psychischen Erkrankung beeinflusst außerdem die Fähigkeit von der Gruppenpsychotherapie zu profitieren. Eine Aufteilung in zwei Patientengruppen hat sich in der Tagesklinik daher bewährt. Die belastbaren und geistig differenzierteren Patienten nehmen an der Gruppenpsychotherapie teil, die nach ermutigenden Erfahrungen aus einer themenzentrierten Interaktionsgruppe seit April 2003 entwickelt wurde, in der Patienten offen und differenziert über Probleme ihres Lebens sprachen.

In der Tagesklinik wird für die anderen Patienten eine ressourcenorientierte Biografiegruppe durchgeführt (Schmid-Furstoss 2000), die sich an der Alltagswelt der Patienten orientiert und die wieder einen Zugang zu Stärken der eigenen Lebensgeschichte ermöglichen soll.

Rahmenbedingungen der problemadaptierten Gruppenpsychotherapie

An der offenen Gruppe nehmen in der Regel 5 bis 8 belastbare Patienten ab dem zweiten Behandlungstag teil. Die Leitung hat der Autor als psychologischer Psychotherapeut (Verhaltenstherapie) inne. Die Übernahme der Koleitung erfolgt jeweils für ein halbes Jahr durch eine/n Mitarbeiter/in des Pflegeteams. Die Regeln der Gruppenpsychotherapie orientieren sich an Yalom (1974):

– Jeder Gruppenteilnehmer/in soll zu Wort kommen können.
– Die Teilnehmer/innen lassen sich gegenseitig ausreden.
– Das von der Mehrheit vorgeschlagene Thema wird zum Gruppenthema.
– Die Verständigung gelingt am besten in der Ichform.
– Voraussetzung für ein offenes Gespräch ist die Achtung anderer Gruppenmitglieder sowie Vertraulichkeit.

Zu Beginn der Gruppensitzung erklärt der Leiter den neuen Teilnehmern die Gruppenregeln. Es wird eine kurze Rückschau auf das Thema der letzten Woche gemacht. Wird kein Thema vorgeschlagen, was häufig vorkommt, bringt es der Leiter ein. Mit dem Thema werden Schwierigkeiten aufgegriffen, die von der Mehrzahl der Gruppenteilnehmer wahrgenommen werden. Die Gruppenpsychotherapie dauert etwa 60 Minuten. Am Ende der Stunde wird jeder nach aktuellen Belastungen gefragt, die in Einzelgesprächen weiterverfolgt werden. Der Wunsch nach Verlängerung der Gruppensitzung kommt nur selten vor.

Das Team erfährt in der wöchentlichen Patientenbesprechung von den Ergebnissen der Gruppenpsychotherapie. Wichtige Mitteilungen über akute Belastungen im sozialen Umfeld, eine veränderte Haltung zur Therapie oder einen emotionalen Ausbruch (Weinen, Wut) erfolgen an das Team am gleichen Tag. Die Patienten sind darüber informiert, dass wir uns im Behandlungsteam über wichtige Informationen aus den Therapien austauschen.

Inhalte der problemadaptierten Gruppenpsychotherapie

Der Begriff problemadaptiert macht deutlich, dass sich die Inhalte und die Vorgehensweisen nach dem aktuellen Bedürfnis der Gruppe richten. Beim Rückblick auf 16 Monate Gruppenpsychotherapie haben sich drei Schwerpunkte herauskristallisiert. Der erste betrifft das Erleben und das Verändern von Symptomen und Problemen aus der Sicht der Gruppenteilnehmer. Im zweiten geht es um das Symptommanagement im Sinne der Psychoedukation mit einer aktiven Rolle des Gruppenleiters, wobei der Übergang zwischen den beiden Schwerpunkten fließend ist. Im dritten Schwerpunkt stehen allgemeine Themen zum Bereich Lebensqualität im Vordergrund.

Folgende Themen werden beim Schwerpunkt »Erleben und Verändern von Symptomen und Problemen« besprochen:

- Stimmungswechsel, was hilft, was hilft nicht?
- Erleben und Umgang mit Unruhe und innerer Anspannung
- Erleben und Überwinden von Enttäuschungen und Verlusten
- Umgang mit Frustration und Zurückweisung
- Erlebte Zusammenhänge von körperlichem und seelischem Schmerz
- Erleben und Umgang mit Erwartungsängsten und anderen Ängsten

- Erleben und Umgang mit Konflikten und Krisen im Alltag
- Soziale Kontaktaufnahme im Rahmen der psychischen Erkrankung
- Festhalten und Loslassen in sozialen Bezügen

Der Austausch über die Belastung der psychischen Erkrankung und die damit einhergehenden Symptome hat einen sehr großen Stellenwert. Gespräche zwischen den Gruppenteilnehmern werden gefördert. Das Klagen hat dabei eine entlastende Funktion. Je nach Krankheitsphase übernehmen Gruppenmitglieder die Funktion als Experte, der anderen Mut macht und Wege aufzeigen kann, die zu einer Verringerung der Symptome führen.

Wenn es um Informationen des Gruppenleiters zum Symptommanagement geht, nimmt dieser in der Regel ein Flip-Chart oder einen Overheadprojektor zur Hilfe, um Zusammenhänge zu verdeutlichen. Die Patienten bringen Beispiele aus ihrem Erleben der Beschwerden ein. Das vermittelte Wissen soll dazu beitragen, die Symptomatik zu verbessern.

Themenbeispiele zum Schwerpunkt »Symptommanagement/Psychoedukation« sind:

- Zusammenhänge von Denken, Handeln und Fühlen bei der Depression (s. Hautzinger 2000)
- Tagesstrukturierung mit einem Wechsel von Pflichten und angenehmen Tätigkeiten (mit Hausaufgaben)
- Einteilung der Aufgaben nach Wichtigkeit mit Ruhephasen und Vermeidung von Überforderung
- Perspektiven nach der Entlassung
- Akzeptieren von Verlusten, Aufrechterhalten von Tätigkeiten und Förderung von Stärken und Fähigkeiten
- Wie kann ich mir im Rahmen der psychischen Erkrankung Hilfe holen? (»Notfallkoffer«)

Schließlich werden häufig folgende Inhalte zum Schwerpunkt »Lebensqualität« thematisiert:

- Zukunftswünsche, Zukunftsplanungen
- Etwas Angenehmes tun, genießen oder träumen
- Alt werden – Sorgen und Wünsche
- Mitmenschliche Nähe, Geborgenheit geben und erhalten

Zielsetzungen der problemadaptierten Gruppenpsychotherapie

Ein wichtiger Aspekt ist die *Entlastung* durch den Bericht über die Beschwerden. Es ist in der Gruppe erlaubt über Beschwerden zu sprechen. Häufig wird dabei erlebt, dass andere ähnliche Schwierigkeiten haben, was dem Glauben zuwiderläuft, allein betroffen zu sein. Aus der klagenden Haltung kann bei entsprechendem Gruppenklima eine stützende werden. Während bei »Gesunden« häufig Unverständnis wahrgenommen wird, erleben die Gruppenteilnehmer hier eine Annahme ihrer Person mit den dazugehörigen Beschwerden und Schwächen. Diese Erfahrung kann den Weg aus der Erkrankung unterstützen.

Die Vermittlung von *Wissen* und *hilfreichen Erfahrungen* im Umgang mit Symptomen ist ein Weg, der zur Reduktion der Beschwerden beitragen soll. Der Leiter nimmt eine Expertenrolle ein, die Gruppenteilnehmer bringen ihre Erfahrungen ein, neue Verhaltensweisen werden anhand von Übungen und Aufgaben erlernt und in der Gruppe ausgewertet.

Eine *Ressourcenorientierung* zeigt sich in der Haltung der Gruppenleitung, die Kompetenz für Lösungen im Laufe des Lebens wieder wachzurufen, um sie in der Erkrankung nutzbar zu machen. Damit werden Stärken angesprochen und das Selbstwertgefühl wird gesteigert, was zu einer Verbesserung der sozialen Kompetenzen, zur Förderung eigener Interessen und zu einer allgemeinen Aktivierung führt. Die unterschiedlichen Vorerfahrungen der Gruppenteilnehmer stellen Ressourcen für vielfältige mögliche Lösungswege dar. Dabei besteht die Aufgabe des Leiters darin, die individuellen Lösungswege zu würdigen und negativen Wertungen von Gruppenmitgliedern entgegenzuwirken.

Eine Gruppensitzung zum Schwerpunkt »Erleben und Verändern von Symptomen und Problemen«

Das Thema einer Gruppensitzung im Juli 2004 lautete: »Konflikte im Alltag erleben, damit umgehen, sie lösen«. Es wurde vom Leiter vorgeschlagen, der es einleitend kurz inhaltlich erläuterte. Die Koleitung übernahm eine erfahrene Krankenschwester. Die Inhalte wurden am gleichen Tag aus dem Gedächtnis protokolliert. Die Namen der sechs Gruppenteilnehmer wurden aus Gründen der Schweigepflicht verändert. Außerdem wurden Details anonymisiert, so dass keine Rückschlüsse auf die Berichtenden möglich sind.

Herr M.: Ich habe das Gefühl, anderen zur Last zu fallen mit meinen Beschwerden.

Leiter: Wen meinen Sie mit anderen, ihre Frau?

Herr M.: Ja, meine Frau, sie hat selbst Rückenbeschwerden. Ich sage lieber nichts und belaste sie nicht zusätzlich. Wir beide reden dann aber nicht mehr miteinander; früher haben wir uns über alles ausgetauscht.

Frau H.: Bei mir ist es so, dass andere aus meiner Umgebung sagen, dass sie mir nicht mehr helfen können. Sie hätten alles versucht.

Leiter: Vielleicht sind sie schon einen Schritt weiter, Ihre Tochter sagt Ihnen, wenn sie nicht mehr weiter weiß.

Frau H.: Das betrifft nicht nur meine Tochter, auch andere sagen das. – Am letzten Sonntag habe ich von der Maltherapie berichtet. Meine Tochter war erstaunt, dass ich längere Zeit am Stück sprechen konnte. Das war gut.

Herr S.: Also bei mir ist das auch immer so. Hier kann ich über meine Probleme reden, zu Hause geht das nicht. Ich weiß nicht, irgendwie fällt mir das hier leichter, vielleicht weil die anderen auch krank sind. Meine Frau kenne ich schon über 40 Jahre, manchmal rede ich nur so ein paar Worte am Tag.

Leiter: Hier machen Sie die Erfahrung, dass Sie über sich reden können, dass es geht. Das scheint eine gute Erfahrung zu sein.

Herr S.: Ja, irgendwie schon. Mit meiner Frau kann ich nicht darüber reden, ich ziehe mich zurück. Das war schon immer so. Wahrscheinlich bin ich schon immer ein Sonderling.

Leiter: Hier sehen Sie in der Tagesklinik, dass es nicht so ist, Sie kommen mit den anderen ins Gespräch.

Herr M.: Mir geht das auch so wie Herrn S., ich will meine Frau nicht belasten.

Leiter: Bei Ihnen beiden besteht ein Konflikt (Hr. S. & Hr. M.), Sie möchten Ihre Frauen nicht belasten, aber die Unfähigkeit über ihr Befinden zu sprechen, steht wie eine graue Wolke zwischen Ihnen. – Wie steht es bei den anderen, wer möchte Konflikte ansprechen? Frau G.?

Frau G.: *Ich spreche ja am liebsten gar nicht.*

Leiter: *Wissen Sie warum, geht es Ihnen damit besser?*

Frau G.: *Ich fühle mich wohler, wenn ich kaum spreche. Das Sprechen ist mir viel zu anstrengend.*

Leiter: *Bei einigen Therapien geht es Ihnen aber anders.*

Frau G.: *Ja, beim Konzentrationstraining oder bei Gesellschaftsspielen. Ich kann mich dann ablenken, das tut mir gut. Ich weiß noch gar nicht, wie es werden soll, wenn ich entlassen bin. Dann kommt die psychiatrische Pflege, ich weiß gar nicht, was ich mit ihr sprechen soll.*

Leiter: *Wenn Sie zu Hause sind, werden Sie sich damit auseinandersetzen müssen. Die psychiatrische Pflege soll Ihnen ja helfen. Frau H., erleben Sie Konflikte in Ihrem Alltag?*

Frau H.: *Ja früher, ich habe mich ja in letzter Zeit deutlich verändert. Früher sagten die anderen, warum sagst du immer, du kannst das nicht. Was man einmal gelernt hat, vergisst man doch nicht. Das sind meine eigenen Worte. Jetzt ist das aber anders.*

Leiter: *Ich erinnere mich, dass Sie mir früher erzählten, als es Ihnen schlecht ging, dass Sie sich innerlich blockiert fühlten, die anderen, z. B. Ihre Kinder aber von Ihnen erwarteten, dass sie die Dinge so tun wie immer. Sie fühlten sich, glaube ich, damals unverstanden.*

Frau H.: *Ja, das war so, es war auch ganz schlimm für mich, aber jetzt ist es anders. Ich konnte am Sonntag einen Erdbeerkuchen machen, da waren alle zufrieden. Mein Mann hat früher auch gelegentlich gesagt, dass er mich nicht versteht und mir nicht helfen kann. Es ist schwer für andere zu verstehen, wie es in einem innen aussieht.*

Leiter: *Auch Angehörige sind durch die Erkrankung belastet.*

Frau H.: *Ja ich bin froh, dass es mir besser geht und ich wieder mehr tun kann.*

Herr M.: *Daran denkt man kaum, dass die Erkrankung ja auch für die Angehörigen schwer zu ertragen ist. Man sieht nur sich selbst.*

Leiter: *Sie haben aber auch die Rückenbeschwerden Ihrer Frau angesprochen.*

Herr M.: *Schon, aber für sie muss das auch schwer sein mit meiner Erkrankung, sie leidet ja mit.*

Herr S.: *Meine Frau ist Allergikerin, sie hat auch ihre Krankheiten. Darüber sprechen wir kaum, weder sie über ihre Beschwerden noch ich über meine Last.*

Leiter: *Es könnte eine Hilfe sein über die Belastungen zu sprechen, auch wenn der andere nicht direkt helfen kann. – Herr A., erleben Sie Konflikte?*

Herr A.: *Ich bin ja allein. Mir geht es schlechter als beim letzten Aufenthalt. Bei mir wirkt sich das körperlich aus. Ich habe dann Schmerzen in der Brust und kann nicht rausgehen. Wenn ich bei meinem Bruder bin, geht es mir gut.*

Leiter: *Sie haben einen Konflikt mit sich, es gibt kein Gegenüber, Sie kommen allein zu Hause schlecht zurecht.*

Herr A.: *Ich weiß auch gar nicht wie das weitergehen soll.*

Leiter: *Vielleicht müssen Sie darüber nachdenken, an Ihrer Lebenssituation etwas zu verändern. – Frau R., Sie haben lang zugehört, ist bei Ihnen etwas angesprochen worden, was in Ihren Ohren geklingelt hat?*

Frau R.: *Ja bei mir ist es so, wie bei dem Herrn, der auch nicht allein sein kann (weint). Ich war zwei Mal mit meiner Schwägerin im Urlaub, da ging es mir gut, schon auf dem Weg zum Flughafen. Als ich dann wieder zu Hause war, begannen die Ängste von neuem. Früher war ich eine Powerfrau. Meine Kinder können das auch nicht mehr hören.*

Leiter: *Was wünsche Sie sich von Ihren Kindern?*

Frau R.: *Dass sie wieder klein wären, so wie früher.*

Leiter: *Das wird nicht gehen. – Ich möchte Sie jetzt zum Ende der Sitzung fragen, ob es etwas gibt, das heute angesprochen wurde, das sie im Einzelgespräch oder in der Gruppenpsychotherapie vertiefen möchten?*

Frau R.: *Ja, ich möchte darüber sprechen, warum das bei mir so ist, dass es mir im Urlaub mit Begleitung gut geht und zu Hause so schlecht.*

Leiter: *Ja, das kann im Einzelgespräch vertieft werden.*

Eine Gruppensitzung zum Schwerpunkt »Symptommanagement durch Psychoedukation«

Nach dem Modell der selektiven Optimierung mit Kompensation von Baltes & Baltes (1990) wird unterschieden zwischen
- Verlusten,
- Bereichen, in denen Fähigkeiten aufrechterhalten werden und
- Wachstumsbereichen.

Verluste sollten anerkannt und eingestanden werden, die Kompensations-leistung hilft Defizite auszugleichen. Es ist nötig, Energie dafür einzuset-zen, das vorhandene Funktionsniveau beizubehalten. Wachstumsbereiche unterliegen der bewussten Entscheidung, der Auswahl (Selektion) von Energie und Fähigkeiten, die auch im Alter weiterentwickelt werden können.

Ausgehend von diesen Unterscheidungen wurde am Flip Chart nach einer entsprechenden Einführung unter den Überschriften *Verluste, Aufrechter-halten* und *Fähigkeiten und Stärken ausbauen* Beispiele aus dem Alltag gesammelt.

Unter den *Verlusten* wurden folgende Stichworte zusammengetragen: Bergsteigen, Flugreisen und damit verbunden die Unmöglichkeit, wichtige Freunde und Verwandte zu sehen, Tod des Partners, Arbeit, körperliche Kräfte, nachlassende Sexualität und reduzierte Gedächtnisleistung. Die einzelnen Stichworte waren jeweils Anlass zu einer ausführlichen Diskussion. Es boten sich danach auch Ansatzpunkte, z. B. das Thema Sexualität im Einzelgespräch weiter zu verfolgen.

Zum Bereich *Aufrechterhalten* wurde genannt: Schwimmen, Gymnastik, Konzentration durch Rätselraten und Spiele, Lesen, Malen, Bekanntschaften und Freundschaften pflegen, alltägliche Dinge meistern wie Einkauf, Haus-halt, Körperpflege und öffentliche Verkehrsmittel nutzen.

Zum *Ausbau von Fähigkeiten und Stärken* wurde angeführt: Hobby, historische Motorräder zu pflegen, ausbauen, Kontakte mehr pflegen, Einzel-kontakte und Gruppenkontakte aufnehmen.

Es fiel den sechs Gruppenmitgliedern besonders schwer, *Wachstums-bereiche* anzugeben. Dies ist sicher nicht erstaunlich, da im Rahmen der psychischen Erkrankung im Alter Verluste und das Aufrechterhalten des Status quo im Vordergrund stehen.

Es wurde entschieden, in der darauf folgenden Sitzung erneut das gleiche Thema zu behandeln und die prozentuale Verteilung der Bereiche für jedes Gruppenmitglied in einem Kuchenmodell aufzuzeichnen, da nach der Samm-lung der Beispiele der Stellenwert der einzelnen Bereiche noch nicht hinrei-chend deutlich war. Bei dieser Vorgehensweise wurde sichtbar, dass bei vier Teilnehmern die Verluste nach subjektiver Wahrnehmung im Vordergrund standen und jeweils die Hälfte des »Kuchens« ausmachten. Der Bereich *Aufrechterhalten* umfasste zwischen 20 % und 50 %. Der *Wachstumsbereich* wurde zwischen 5 % und 25 % sehr gering eingeschätzt.

Die Prozentzahlen machen deutlich, wie wichtig die Auseinandersetzung mit Verlusten ist, um Entwicklungen zu ermöglichen. Diese Botschaft war für den Leiter und für die Therapieplanung ebenso wichtig wie für die Selbsterkenntnis der Gruppenteilnehmer.

Fazit für die Praxis

Die problemadaptierte Gruppenpsychotherapie ist geeignet jeweils wichtige Themen, die in der Tagesklinik aufkommen, von den Patienten und vom Therapeuten flexibel mit unterschiedlichen Vorgehensweisen zu bearbeiten. Das lässt auch Raum für Kreativität, erhält die Freude an der Arbeit und nimmt Rücksicht auf die wechselnde Klientel. Der Themenbereich *Lebensqualität* ist in Gruppen am leichtesten umsetzbar, deshalb wurde hier aus Platzgründen auf ein Beispiel verzichtet. Er wird bei uns am ehesten gewählt, wenn die Patienten stärker belastet sind und Stützung benötigen.

Literatur

Baltes P, Baltes M (1990) Psychological perspectives on successful aging. The model of selective optimization with compensation. In: Baltes P, Baltes M (Hg) Successful aging. Perspectives from the behavioral science. New York (Cambridge University Press) 1–34.

Hautzinger M (2000) Depression im Alter erkennen, bewältigen, behandeln. Ein kognitiv-verhaltenstherapeutisches Gruppenprogramm. Weinheim (Psychologie Verlags Union).

Schmid-Furstoss U (2000) Ressourcenorientierte stationäre Gruppenpsychotherapie. In: Bäurle P et al (Hg) Klinische Psychotherapie mit alten Menschen. Bern (Huber) 110–115.

Yalom I (1974) Gruppenpsychotherapie. München (Kindler).

Korrespondenzadresse

Dr. phil. Ulrich Schmid-Furstoss
Evangelische Stiftung Tannenhof
Gerontopsychiatrisches Zentrum Wuppertal
Wesendonkstraße 7
42103 Wuppertal
E-Mail: ulrich.schmid-furstoss@stiftung-tannenhof.de

Analytisch orientierte Gruppenpsychotherapie bei älteren Patienten multikultureller Herkunft

Bertram von der Stein

Zusammenfassung

Geschildert wird der Verlauf einer analytisch orientierten Gruppenpsychotherapie mit älteren Patienten unterschiedlicher soziokultureller Herkunft. Kollektive Erfahrungen sowie individuelle Belastungen und Traumatisierungen werden ebenso deutlich wie ein in Konflikten über Vorurteile wachsendes gegenseitiges Verständnis. Neben den in der Gruppenpsychotherapie bekannten Heilfaktoren erweist sich eine dem Einzelnen gerechter werdende historische Perspektive als hilfreich. Trotz Schwierigkeiten, deren Betonung Abwehrcharakter haben kann, ist eine analytisch orientierte Gruppenpsychotherapie Älterer im interkulturellen und transgenerationellen Spannungsfeld hilfreich, heilsam und einsichtsfördernd.

Stichworte: psychoanalytisch orientierte Gruppentherapie, Kriegskindheit, Einwanderer

Abstract: Psychoanalytic Group Psychotherapy with Elderly Patients from Different Cultures

The article describes the process of a group psychotherapy with elderly patients coming from different socio-cultural backgrounds. It is pointed out that the patients share both collective experiences as well as individually experienced stress and traumata. By dealing with the conflicts and prejudices existing within the group, patients develop a growing understanding for each other. It is argued that for the therapist carrying out such type of group work, an expertise in the psycho-historical dimensions of the patients' life is indispensable. Migrants encounter many difficulties in their attempt to settle down in every day life. Sometimes they may exaggerate this kind of problems as a defence mechanism. Nevertheless, psychoanalytic group-psychotherapy

with minority elders proves to be supportive both in an intercultural and inter-
generational perspective and promotes insight and an improvement of health.

Keywords: psychoanalytic group-psychotherapy, childhood in war, migrants

Psychohistorische Zusammenhänge

Migrationsbewegungen nehmen seit Ende des zweiten Weltkrieges weltweit
zu. Nach Holocaust und verlorenem zweiten Weltkrieg und der vordergrün-
digen Integration der Vertriebenen aus den ehemaligen Ostgebieten, kamen
seit Ende der fünfziger Jahre so genannte Gastarbeiter aus verschiedenen
Herkunftsländern nach Deutschland. Ab den sechziger Jahren kamen allmählich Asyl suchende Migranten und Spätaussiedler aus Osteuropa hinzu. Auch
für die deutsche Gesellschaft ergab sich eine zunehmende Pluralisierung der
Lebenswelten.

Dieser Migrationsentwicklung entsprechend besteht heute ein großer
psychotherapeutischer Versorgungsbedarf (Erim u. Senf 2002) auch für ältere Menschen, die nicht in Deutschland geboren sind. Nach Erikson (1973)
prägen Volksgruppen und Epochen Leitbilder, die auf die Ich-Entwicklung
des Einzelnen einwirken. Diese spielen auch im Alter eine bedeutende Rolle,
sind jedoch in einer rasant sich wandelnden Gesellschaft keine sicheren
Konstanten mehr. Für Deutsche ist die historisch-kollektive Identität brisant,
Nationalsozialismus, Holocaust und die Folgen des zweiten Weltkriegs mit
Schuld und Vertreibung bilden einen dunklen Horizont unbewältigter und
traumatischer Vergangenheit. Die mit dem rasanten wirtschaftliche Aufstieg
Deutschlands einhergehende Verdrängung der jüngsten Vergangenheit wurde
in der Umbruchphase der 68er Jahre mit dem Versuch, sich mit der Schuld
der Väter auseinander zu setzen, beendet. Die beginnende Öffnung für neue
Lebensformen und für eine sexuelle Revolution prägte nachhaltig die deutsche Gesellschaft. Mit dem Ende des Wirtschaftswunders und der Tendenz
vieler Firmen, sich älterer Mitarbeiter durch Frühberentung zu entledigen, ist
Deutschland nicht mehr das gelobte Land vieler Migranten.

Oft ist die Lebensbilanz dieser Menschen trotz sichtbarer Erfolge beschei-
den; bei manchen macht sich Verbitterung breit. Alte gesellschaftliche
Klischees über Migranten und Deutsche werden in einem Klima der allgemeinen Verunsicherung wieder belebt. Deutsche Identitätsunsicherheit,

unausgesprochene Schuld und Scham und deren Abwehr sowie die Diffusion von Täter- und Opferrollen vor allem bei vertriebenen Deutschen einhergehend mit Derivaten latent faschistoiden Gedankengutes schaffen komplizierte Übertragungs- und Gegenübertragungssituationen. Im Umgang mit Migranten kommt es in der Folge oft zu dumpfer Fremdenfeindlichkeit aber auch zu verleugnender Fremdenidealisierung. Auch die Haltung vieler Migranten zwischen Überanpassung und Ghettobildung, verbunden mit klischeehaften Vorstellungen von den Deutschen, erschwert die Kommunikation mit ihnen und behindert ihre Integration. Durch Umbrüche in Deutschland aber auch in den Herkunftsländern ist der Status der Alten unsicher. Ihre Wertschätzung in Deutschland ist schwankend, so dass Älterwerden für sie in der Fremde zahlreiche Probleme aufwirft. Grinberg und Grinberg (1984) bezeichnen die Migration als Trauma und Lebenskrise. Nach langer Latenzzeit reaktivieren auch neue Verluste und Bilder von aktuellen Kriegen (Radebold 2004) unbewältigte traumatische Lebensereignisse. Ferner belasten häufig auch transgenerationelle Mechanismen der Traumavermittlung (d. h. die unbewusste Weitergabe) zur nächsten Generation die Beziehungen zu dieser (Bohleber 1997, Eckstaedt 1999, Gampel 1994, Hirsch 1999, Volkan 2000 u. 2002). All dies kann oft eine jahrzehntelange Abwehr labilisieren, so dass es im höheren Lebensalter zum Symptomausbruch kommt.

Rückzugstendenzen verbunden mit ungelösten Konflikten mit den eigenen Kindern erweisen sich zusätzlich als problematisch. Bei sorgfältiger Vorbereitung lassen sich entgegen bisheriger Erfahrungen ältere Migranten durchaus für eine analytisch orientierte Gruppentherapie motivieren, von der sie profitieren können. Gemischt kulturelle Gruppen mit Älteren sind in der psychotherapeutischen Praxis bisher noch sehr selten anzutreffen, jedoch sind die Hürden nicht unüberwindlich.

Therapiesetting und Patienten

Meine psychoanalytische Praxis liegt in einem Außenbezirk einer Großstadt im Einzugsbereich zweier großer, weltweit agierender Industrieunternehmen. Die ansässige Wohnbevölkerung ist demzufolge stark gemischt: Türken, Kurden, Italiener, Spätaussiedler aus Polen und Russland bilden die stärksten Migrantengruppen. Der Anteil der Älteren ist relativ hoch. Durch die

Zusammenarbeit mit Hausärzten, einer Zentralstelle der KV zur Therapieplatzvermittlung und der Kooperation mit einer nahen psychosomatischen Klinik, die über das Vorhaben des Autors informiert waren, wurden die Patienten zugewiesen; einige erschienen auch spontan oder angeregt durch ihre erwachsenen Kinder.

In fünf so genannten probatorischen Sitzungen (im Sinne einer Probetherapie, die von den Krankenkassen ohne Antrag bezahlt werden) wurden die individuelle Indikation und die Motivation der Patienten geklärt. Alle reagierten auf Probedeutungen positiv. Die Bereitschaft zu einer Gruppenpsychotherapie konnte durch ausführliche mündliche und schriftliche Information über die Arbeitsweise der Gruppe bei den Migranten entwickelt werden, wobei im Vorfeld auch schon über die heterogene Zusammensetzung der Gruppe gesprochen wurde. Vorbehalte und Ängste, z. B. dass in einer kulturell gemischten Therapiegruppe ältere Patienten auf einen jüngeren Therapeuten treffen, der einer anderen Kultur angehört, wurden angesprochen und konnten teilweise ausgeräumt werden. Hinweise auf die Chancen einer solchen Gruppe erwiesen sich als hilfreich.

Die Patienten, vier Männer und vier Frauen, gehören den Geburtsjahrgängen 1930 bis 1942 an. Schwere psychiatrische Erkrankungen und hirnorganische Defizite lagen nicht vor. Alle Patienten konnten differenziert in der deutschen Sprache kommunizieren. Die Komorbidität (also das Vorliegen von Begleitkrankheiten)der Patienten war unterschiedlich. Mehrere litten unter einer koronaren Herzkrankheit, unter Bluthochdruck oder unter Magenulcera (Magengeschwüre), letztere waren zum Teil deshalb operiert worden (B-II-Operation). Keiner war gehbehindert. Der formale Ausbildungsstand war sehr unterschiedlich und erstreckte sich vom ungelernten Arbeiter bis zum Akademiker. Für die Entwicklung einer Gruppenkohäsion lagen, trotz der starken sozialen und kulturellen Mischung, genügend gemeinsame Erfahrungen vor, wie körperliche Erkrankungen, materielle Entbehrungen in der Kindheit und Jugend, Partnerverluste, Frühberentung und Konflikte mit Jüngeren.

Der beschriebene Behandlungsverlauf bezieht sich auf eine bisher ein Jahr und sechs Monate dauernde analytisch orientierte Gruppenpsychotherapie mit bisher 64 Sitzungen und damit auf 128 Stunden. Die Finanzierung erfolgt kassenärztlich nach dem Antragsverfahren. Die Sitzungen finden wöchentlich freitags morgens um 10 Uhr statt und dauern 100 Minuten. Die Gruppe wird als slow open Gruppe geführt.

Der Gruppenleiter ist Psychoanalytiker, Facharzt für Psychotherapeutische Medizin und Psychiatrie und Psychotherapie. Er verfügt über langjährige Gruppentherapieerfahrungen und kennt die besonderen Probleme im Umgang mit älteren Patienten in psychosomatischen und psychiatrischen Einrichtungen.

Kurzbiographien der Patienten

Die Namen der Patienten in Namen geändert, die in deren Herkunftsland typisch sind.

Frau Marek, 62 Jahre, leidet seit ca. drei Jahren unter Ängsten (Klaustrophobie), die sich bis zur Todesangst steigern, nachdem ihr erwachsener Sohn, der Arzt geworden war, an einer Psychose erkrankte. Sie wurde dadurch arbeitsunfähig und verlor ihre Beamtenstelle. Frau Marek ist in Oberschlesien als älteste von drei Schwestern aufgewachsen. Ihre beiden Schwestern sind aber erst lange nach dem Zweiten Weltkrieg geboren worden. Gemeinsam mit ihrer Mutter siedelte sie 29-jährig nach Westdeutschland um. Frau Marek war dreimal verheiratet, die Ehemänner entpuppten sich wie der Vater als Alkoholiker, was entsprechende Folgen für das Zusammenleben hatte. Seit einigen Jahren hat sie eine Beziehung mit einem gleichaltrigen Partner, lebt aber alleine.

Herr Arslan, ca. 60 Jahre, bis 2002 als Fließbandarbeiter in der Autoindustrie tätig, wurde nach einem Herzinfarkt und der Entwicklung eines Morbus Behcet (mit Blasenbildung im Mund) frühberentet. Seitdem leidet er verstärkt unter Angst und Depressionen. Er wuchs als ältester Sohn kurdischer Bauern mit vier Geschwistern auf. Der Vater verstarb nach politischer Haft Anfang 1950. Die Trennung von der Mutter und den Geschwistern, die mit ca. 15 Jahren erfolgte, als er eine Schlosserlehre in Istanbul begann, hatte ihm sehr zugesetzt. Seit Anfang der sechziger Jahre lebt er in Deutschland und hat zwei erwachsene Kinder. Über 10 Jahre lebte seine Mutter zuletzt bei ihm, bis sie 1992 an Herzversagen verstarb. Nach Konflikten mit der 10 Jahre jüngeren Ehefrau, nach der Hochzeit des als Jurist tätigen Sohnes mit einer Belgierin und nach dem Studienabbruch seiner Tochter zieht er für seine Migration eine Negativbilanz.

Herr Opitz, 74 Jahre, entwickelte nach einem Herzinfarkt 1993 eine schwere Depression und eine Angststörung, die zur Frühpensionierung führten. Diese Symptome traten erneut heftig auf, als seine Ehefrau 2002 plötzlich verstarb. Seit einer Reise in seine alte Heimat Schlesien, die er 1945 verlassen musste, traten alte traumatische vergessen geglaubte Erinnerungen bildhaft wieder auf. Seitdem leidet er auch unter Herzängsten und Schlafstörungen. Zwei ältere Brüder fielen im Krieg; das Schicksal des nach Russland verschleppten Vaters ist bis heute ungeklärt. Nach seiner Flucht wurde er Gymnasiallehrer und heiratete Ende der fünfziger Jahre. Der Patient hat drei Kinder und vier Enkelkinder und lebt alleine in einem Reihenhaus.

Frau Yilmaz, 61 Jahre wird seit zwei Jahren von somatoformen Rückenschmerzen und von bildhaften Erinnerungen an Misshandlungen durch den alkoholkranken Ehemann gequält. Zuvor hatten sich belastende Lebensereignisse gehäuft: der unfreiwillige vorzeitige Ruhestand, die Heirat der ältesten Tochter nach bestandenem medizinischen Staatsexamen mit einen islamischen Fundamentalisten, das Scheitern der Verbeamtung des Sohnes wegen einer Nierenerkrankung und der Tod der Mutter in der Türkei ohne Versöhnung. Als jüngste Tochter anatolischer Kleinbauern war ihre Kindheit von Arbeit und Armut geprägt. Nach der Zwangsheirat folgte sie 1963 ihrem Mann nach Deutschland und hat hier in den folgenden Jahren drei Kinder geboren. Nach der Scheidung 1976 brachen die konservativen Eltern den Kontakt mit ihr ab. Frau Yilmaz entwickelte ihr Selbstbewusstsein, machte eine bescheidene Karriere und förderte die Ausbildung ihrer Kinder. Sie lebt mit dem nierenkranken Sohn in einer Etagenwohnung.

Frau Schmitz, 62 Jahre, pflegte ihren tumorkranken Mann zwei Jahre bis zu dessen Tod Anfang 2003. Seitdem trat eine ausgeprägte Depression auf. In die gleiche Zeit fällt das Bekenntnis ihres Sohnes, dass er homosexuell sei. Sie wuchs mit drei älteren Brüdern und einer Schwester in einer Handwerkerfamilie im Rheinland auf. Der Vater kam erst als Spätheimkehrer aus Russland, er starb kurz nach Kriegsende. Da sie nach Schlesien mit Mutter und Schwester evakuiert worden war, kam sie mit der damaligen Vertreibungswelle wieder zurück. Die ältere Schwester sei auf der Flucht von einem russischen Soldaten vergewaltigt worden. Nach dem Krieg arbeitete Frau Schmitz kurze Zeit als Hausangestellte und wurde dann als Sekretärin tätig, zuletzt bis zur Berentung mit 60 Jahren war sie als Chefsekretärin in einer

Versicherung. Die erste Ehe von 1962 bis 1970, aus der der 41-jährige Sohn stammt, scheiterte, weil sich die Patientin von ihrem Mann nicht verstanden fühlte. Die zweite Ehe mit einem 15 Jahre älteren Witwer, die mit Konflikten um Kinder aus den vorherigen Beziehungen begann, sei glücklicher gewesen.

Herr Kljakovic, 63 Jahre, verfiel seit einem Herzinfarkt vor einem Jahr und der Zunahme körperlicher Erkrankungen (Magenulcera, Diabetes mellitus, zunehmende arterielle Verschlusskrankheit) in eine schwere Depression mit Suizidimpulsen. Er ist verbittert über den Undank der drei Kinder, die bei Verwandten in Kroatien aufwuchsen und denen er dort ein Studium ermöglichte. Er war technischer Angestellter an einer Klinik und wurde vorzeitig in den Ruhestand geschickt. Herr Kljakovic stammt aus Kroatien. Sein Vater wurde als Kollaborateur der Deutschen standrechtlich erschossen. Herr Kljakovic wuchs bei der Mutter in ärmlichen Verhältnissen auf. Die Familie sei in der Heimat geächtet worden. Nach einer Schlosserlehre ging er nach Deutschland. Der Patient erbaute in Kroatien ein Mehrfamilienhaus und lebt aber hier mit der zehn Jahre jüngeren Frau in einer konfliktreichen Beziehung am Stadtrand in einer Zweizimmerwohnung.

Frau Guttzeit, 73 Jahre, entwickelte nach dem Tod des idealisiert geschilderten Mannes Mitte 2003 eine schwere Depression und kam nach halbjährigem Bestehen der Gruppe in diese. Sie leidet unter ihrer Einsamkeit und befürchtet, den Kindern zur Last zu fallen. Als Tochter ostpreußischer Bauern kam sie nach der Vertreibung 1945 ins Rheinland. Der Vater starb in russischer Kriegsgefangenschaft. Nach mehreren Jahren als Haushältern heiratete sie 1956 einen Landwirt. Aus der Ehe entstammen vier Kinder. Die Patientin hatte sich dem Ehemann bereitwillig angepasst, der ein erfolgreiches Landmaschinenunternehmen aufbaute. Drei der Kinder haben studiert. Ein Sohn wird als schwarzes Schaf geschildert. Nach dem schmerzlich empfundenen Verkauf ihres Hauses lebt sie alleine in einer neu erbauten Eigentumswohnung.

Herr Holtkamp, 64 Jahre, war bis zu seiner Frühberentung 2002 als Meister in einer Druckerei tätig. Seit dem Tod seiner Mutter im gleichen Jahr leidet er unter Ängsten und depressiven Verstimmungen bis hin zu Suizidgedanken. Herr Holtkamp wuchs in Westfalen auf. Sein Vater, ehemaliges SS-Mitglied, gebrauchte gewaltsame Erziehungsmethoden und wollte seine drei Söhne zwingen, seinen Getränkehandel zu übernehmen. Nach dem Konkurs seines Geschäftes suizidierte sich der Vater und hinterließ einen Abschiedsbrief, in dem er seine Söhne der Illoyalität bezichtigte. Herr Holtkamp sieht seine Störungen als Reaktion auf seine mangelnde Abgrenzungsfähigkeit gegenüber anderen und zwar gegenüber seinem Vater, den demenzkranken Schwiegereltern, der pflegebedürftigen Mutter und seinen drei Kindern und vier Enkeln, die viel von ihm forderten. Von seiner gehbehinderten Ehefrau, mit der er ein Haus bewohnt, fühlt er sich dominiert.

Therapieverlauf

Der folgende Therapieverlauf demonstriert, wie trotz starker sozialer und kultureller Verschiedenheit der Teilnehmer, Gemeinsames und Trennendes produktiv bearbeitet wurde. Hierbei wurde eine starke Einbindung individueller Lebensereignisse und Traumatisierungen in historisch-kollektive Zusammenhänge deutlich. Nach bisher ca. 60 Sitzungen zeichnen sich folgende Phasen ab:

Klagen über körperliche Gebrechen und Erleben der Abhängigkeit vom Leiter (1.–9. Sitzung)

In den ersten Stunden kam das Gespräch nur sehr schwer in Gang. Die Atmosphäre war zunächst von Misstrauen und Ängsten geprägt. Die Patienten versuchten die Sitzungen zur ärztlichen Fragestunde zu machen. Symptomschilderungen und gegenseitige Gesundheitsratschläge bestimmten das Geschehen. Die Herzkrankheiten der Herren Arslan, Opitz und Kljakovic stifteten erste Gemeinsamkeiten.

Die Gruppenkonstellation war leiterzentriert. Es fand ein unterschwelliger Kampf um die Gunst des Leiters statt, als wenn die Nähe zum allmächtig erlebten Leiter, der schon in einer Elternübertragung war, Gefühle der Ohnmacht vertreiben könnte. Herr Opitz erinnerte an einen Kinderarzt, der selbstlos im 2. Weltkrieg viele Kinder gerettet habe. Allerdings wurde auch nach wenigen Stunden der Sinn der Gruppentherapie hinterfragt und enttäuscht registriert, dass sich Symptome nicht besserten. Anfangs versuchten die Patienten am Ende der Gruppenstunde den Gruppenleiter aufzuhalten, er möge ihnen doch dieses oder jenes Medikament verschreiben. Offenbar diente die »somatoforme Klagephase« auch dazu, die Gruppenkohäsion herzustellen. Bei den meisten Patienten drängte sich der Eindruck auf, dass sie erstmals nach einer entbehrungsreichen Kindheit Fürsorge einforderten. Die hypochondrische Besorgnis der Gruppenmitglieder stand im Gegensatz zu ihrer früher wenig entwickelten Körperfürsorge (Radebold 2004). Ein Gruppenmitglied, Herr Opitz durch die Flucht aus Schlesien traumatisiert, formulierte selbst diesen auffälligen Paradigmenwechsel im Umgang mit dem eigenen Körper. In dieser etwa 6 Wochen dauernden Phase war es kaum möglich, auf Männern und Frauen, auf den unterschiedlichen Bildungsstand der Patienten oder auf die unterschiedliche Nationalitäten differenzier ein zugehen. Gut zu dieser Stimmung passte auch ein von Herrn Arslan berichteter Traum, in dem sein Vater ihn während eines Schneesturms im kurdischen Bergland beschützte und die Mutter nach überstandener Gefahr ein reichhaltiges Essen bereitete.

Trauer um den Verlust des Arbeitsplatzes und den verlorenen Partner (10. bis 22. Sitzung)

Der Arbeitsplatzverlust stand vor allem bei den Männern im Vordergrund. Immer wieder berichteten sie, von Arbeitsabläufen zu träumen und an die alte Arbeitsstelle denken zu müssen. Etwa den gleichen Raum nahm der Tod des Ehemannes bzw. dessen Verlust durch Scheidung bei den Frauen ein. Es kam zu einer auffälligen inhaltlichen Polarisierung: Während sich die Männer in der Schilderung technischer Abläufe verloren, beklagten die Frauen emotionale Defizite. Frau Schmitz erfüllte eine Brückenfunktion, da sie sowohl berufstätig gewesen war als auch ihren Ehemann verloren hatte. Beide Seiten versuchten den Leiter in ihr Boot zu ziehen. Überwiegend wurden auch aktuelle Schwierigkeiten angesprochen. Mehrfach, vor allem durch Herrn Opitz. und Frau Guttzeit, klangen Idealisierungen des verstorbenen Ehepartners an. Es kam zu einem verhaltenen Disput mit Frau Schmitz, die angab, mit zunehmendem zeitlichem Abstand vom Tod ihres Mannes auch an dessen negative Eigenschaften zu denken. Man war bemüht keinen zu verletzen, der Gesprächston war ausgesucht freundlich. Schließlich wechselten die Patienten die Anrede untereinander ab der 20. Sitzung vom Sie aufs Du. Der Versuch des Therapeuten dies zu hinterfragen wurde mehrmals höflich übergangen.

Narzisstische Themen, anale Machtkämpfe und mehr Empathie (23. bis 55. Sitzung)

In dieser Phase stand der Verlust der narzisstischen Gratifikation durch die Arbeit und die mangelnde Akzeptanz durch Jüngere, vor allem durch Kinder und Enkel, im Vordergrund. Es kam zu subtilen Angriffen gegen den Gruppenleiter, z. B. durch die Äußerung von Frau Yilmaz: »Meine Tochter ist auch Ärztin, sie kümmert sich um Patienten, um die eigene Mutter und ihren kranken Bruder nicht!« Hierauf Frau Guttzeit etwas spitz: »Merkwürdig, ich dachte bei Ausländern sei die Familie intakt.« Sie betonte, wie gut doch ihre eigenen Kinder zu ihr seien. Sie sei stets, auch am Wochenende, bei den Kindern willkommen. Frau Yilmaz und Herr Holtkamp zweifelten dies an. Die Stimmung in der Gruppe wurde gereizter, als Frau Guttzeit die ostpreußische Familie mit ihrer Zuverlässigkeit als Gegensatz zu den bedauernswerten Verhältnissen bei Frau Yilmaz pries. Herr Arslan entgegnete Frau Guttzeit mit aggressivem Unterton, er ärgere sich über derart besserwisserische Äußerungen von Deutschen, die im Gegensatz zu den Kurden es doch viel besser gehabt hätten. Die Bemerkung von Herrn Opitz, dass dies ein fundamentaler Irrtum sei, verhallte zunächst ohne Wirkung. Herr Arslan begann über seinen schwierigen Anfang als Gastarbeiter in Deutschland zu berichten und über die Diskriminierung durch Arbeitskollegen. Hierbei kam es zu einer Polarisierung in der Gruppe. Während Herr Arslan versuchte, seine Situation darzustellen, wurde er mit stark altruistischen Aussagen von den deutschen Mitgliedern der Gruppe dominiert, die ihn als hilflosen Handlanger erscheinen ließen. Von den anderen, die sich als freundliche Anwälte der Ausländer darstellten, wurde er fast mundtot gemacht. Dies gipfelte in der Aussage von Frau Guttzeit, dass die Gruppe für Herrn Arslan und Herrn Kljakovic eine Überforderung darstelle, da diese des Deutschen nicht mächtig seien. Herr Arslan verfiel daraufhin kurzzeitig in ein schwer verständliches gebrochenes Deutsch. Auf diese Szene reagierte der Gruppenleiter mit einer klarifizierenden und deutenden Bemerkung; er habe den Eindruck, dass beide Patienten gut Deutsch könnten, vielleicht sei es möglich, dass mit der bevormundenden Fürsorge versucht werde, einen latenten Konflikt zu verleugnen. Nach einer längeren Schweigepause kam es zu einer heftigen Auseinandersetzung zwischen Herrn Arslan und Herrn Opitz über die Berechtigung in Deutschland als Deutscher zu leben. Hierzu ein kurzer Gesprächsausschnitt:

Herr Opitz	dozierend: *Also dann will ich mal frei assoziieren.* – Schaut den Therapeuten und seinen kurdischen Mitpatienten provozierend an. – *Ich erinnere mich an eine Schulstunde in Oberschlesien, da haben wir das Jahr 1683 behandelt, als das türkische Heer, das Wien belagerte, von der kaiserlichen Armee besiegt wurde, da mussten die Türken abziehen.*
Herr Arslan:	*Ja, ja und heute sind sie hier.*
Frau Yilmaz:	*Und hier in der Gruppe.*
Frau Marek:	*Ja, ja Türken, Marokkaner, Mohammedaner, manchmal machen die mir Angst.*
Herr Arslan:	*Ja und die Polen und Spätaussiedler kamen in der Zeit, als ich schon lange hier war. Die hatten oft die gleichen Probleme wie die Türken und einige haben auch geklaut.*
Herr Opitz	sichtlich verärgert: *Wenn du mich schon darauf ansprichst: Ich bin kein Pole sondern deutscher Schlesier und habe die deutsche Staatsangehörigkeit berechtigter Maßen.*
Herr Arslan:	*Ja, ja und die Polen haben damals das christliche Abendland gerettet.*
Herr Opitz	wütend: *Was du nicht alles weißt.*
Herr Arslan:	*Ja und das alles ohne Geschichtsstudium, hab' ich mir selbst beigebracht, stell dir das mal vor, es kann ja nicht jeder Studienrat werden wie du.*
Herr Opitz:	*Jetzt wirst du ganz und gar unsachlich, bist wohl neidisch ... Wenn du wüsstest, wie sehr ich im Dreck gelegen hab', als ich jung war, dann würdest du den Mund halten, du hast die Wohlstandszeit in Deutschland ja voll auskosten können.*
Herr Arslan:	*Du schließlich auch, im Übrigen hast du auch keine Ahnung von den politischen und wirtschaftlichen Verhältnissen in Kurdistan. Als ich jung war, hab' ich gehungert, unter miesen Bedingungen meine Ausbildung gemacht und als junger Spund musste ich nach Istanbul, zu einem brutalen Onkel. Meinst du, das war vielleicht angenehm?*
Frau Yilmaz	etwas schnippisch: *Na ja, schließlich hat Herr Opitz ja studiert und Herr Arslan hat eben selbst sehr viel gelernt.*
Frau Schmitz:	*Klugscheißer wie meine Schwestern und Brüder, allmählich kommt ihr auf Stammtischniveau. Ihr übersehet dabei, dass*

die einheimischen Rheinländer auch gehungert und gelitten
haben im Krieg.

Herr Holtkamp: Und die Westfalen auch ...

Allgemeine Heiterkeit

Therapeut: *Vielleicht ist es wichtig genauer hinzuschauen, wo einer*
aufgewachsen ist und gelebt hat.«

Herr Arslan: *Übrigens, wenn es euch nicht passt: Ich habe die deutsche*
Staatsangehörigkeit, schließlich bin ich seit 40 Jahren hier.

Herr Opitz: *Das soll dir jetzt auch keiner mehr nehmen. Ich hab' ja*
nichts gegen Kurden oder Türken, aber eigentlich haben die
aus Oberschlesien stammenden Deutschen ein größeres
Recht hier zu sein.

Therapeut: *Es scheint um die Daseinsberechtigung zu gehen.*

Frau Marek: *Was soll das Gerede? Türken, Deutsche, Polen.*

Herr Opitz: *Noch einmal, ich bin kein Pole! Immer diese ahistorischen*
Betrachtungsweisen!

Herr Arslan: *Übrigens falls es euch interessiert: Ich bin auch nicht*
Türke sondern kurdischer Allevit, ich habe schon als Kind
Angst vor türkischen Soldaten und Behörden gehabt. Ich
war politisch gar nicht aktiv, hab' aber immer Angst ge-
habt, dass einer aus meiner Familie abgeholt wird oder
dass wir schikaniert werden. Ich weiß von einem Nach-
barn, der von einem türkischen Polizisten den Schädel
eingeschlagen bekommen hat und von Leuten die ver-
schwunden sind, ohne dass wir genau wussten, wo sie ge-
blieben sind.

Frau Schmitz: *Mein Gott, mein Gott erzähl' doch nicht solche Sachen, das*
erinnert einen ja fast an das Dritte Reich. Alles Horror-
geschichten.

Herr Arslan: *Altnazis kenne ich; mein erster deutscher Vorgesetzter war*
so ein Arsch. Der erzählte nur Witze über Gaskammern
und hat den »Kanaken« Angst gemacht.

Herr Kljakovic: *Das habe ich auch erlebt, Gastarbeiter, Kanake, gerade von*
diesen Altnazis wurde man sehr schikaniert. Die Deutschen
haben eben kein Herz.

Herr Holtkamp: *Diese Altnazis, die gab es in dieser Zeit noch als Vorgesetzte, zugegebenermaßen. Mein Vater war auch so einer,
der hat mich allerdings selbst so schikaniert und blau
geschlagen, dass ich ein für allemal von Nazis die Nase voll
habe. Aber dass alle Deutschen so sind, ist Quatsch; sonst
säßen wir nicht hier in fröhlicher Runde.*

Herr Opitz: *Immer wieder diese alten Geschichten, ich kann es bald
nicht mehr hören, diese ganzen Sachen vom Dritten Reich,
da haben wir auch drunter zu leiden gehabt. Schließlich
habe ich meine Heimat verloren, ich bin zu jung, um irgend-
etwas gemacht zu haben, muss mir das aber ständig anhören. Im Übrigen – guckt aggressiv Herrn Kljakovic an – die
Kroaten waren auch nicht gerade die Engel im Dritten
Reich.*

Darauf bekommt Herr Kljakovic einen roten Kopf und
sagt, ihm sei nicht gut, er müsse die Gruppe verlassen und
geht zwischenzeitlich auf die Toilette. Betretenes Schweigen. Herr Kljakovic kommt dann nervös in die Gruppe
zurück und sagt kein Wort, alle kümmern sich um ihn.
Plötzlich fängt er an zu zittern und zu weinen.

Herr Kljakovic: *Immer habe ich mir das anhören müssen, dass mein Vater
ein Nazi gewesen ist. Das ganze Dorf hat mitgemacht, alle
haben sich aufgespielt; ihn hat man erwischt, andere haben
sich gedrückt, diese Opportunisten, als Tito an die Macht
kam, waren die auf einmal gute Kommunisten, einfach zum
Kotzen.*

Herr Holtkamp: *Wie das hier auch gewesen ist.*

Herr Opitz: *Da haben wir offensichtlich ein gemeinsames Thema.*

Nach einer konfrontativen Phase entwickelte sich mehr gegenseitiges
Verständnis und die Bereitschaft, differenzierter die Lebensgeschichten der
Einzelnen, auch im historischen Kontext durchzuarbeiten. Herr Opitz und
Herr Arslan tauschten Bücher über Schlesien und Kurdistan aus. Es kamen
immer wieder zu brisanten Themen auf, auch spielten Rivalität und Neid
in Bezug auf den Erfolg der Kinder eine Rolle. In diesem Kontext wurde

deutlich, als Frau Marek über die schizophrene Psychose ihres Sohnes, der Arzt geworden war, berichtet, wie wichtig den meisten der Erfolg ihrer Kinder ist und zwar im Sinne einer transgenerationellen Delegation und zur Abwehr von Ohnmacht. Diese sollten bessere Berufe haben und nicht wie Frau Guttzeit Hausmädchen oder wie Frau Yilmaz Putzfrau oder Herr Arslan Fließbandarbeiter werden.

Vorboten des Therapieendes (56. Sitzung bis jetzt, 64. Sitzung)

Im Laufe weiterer Sitzungen konnten sich die Patienten offener über verbindende und trennende Themen auseinandersetzen. Zwar spielten der Heimatverlust der vertriebenen Deutschen und die Zerrissenheit der Migranten zwischen zwei Kulturen und der unerfüllbare Rückkehrwunsch immer wieder eine Rolle, es kamen aber auch allgemeinere Probleme des Alterns zur Sprache, wie die Auseinandersetzung mit dem Tod und mit einer befürchteten Gebrechlichkeit. Die Patienten wurden außerhalb der Gruppe aktiver, die anfänglich heftigen Klagen über depressive Symptome und körperliche Gebrechen nahmen ab. Nachdem bei einigen Patienten die ersten Verlängerungsanträge fällig wurden, geht es auch um die Beendigung der Gruppentherapie.

Ergebnisse und Ausblick

Die Interaktionsdynamik der Gruppe durchlief unterschiedliche Phasen (Bechtler 2000). In der *Anfangsphase* standen körperliche Beschwerden im Vordergrund, mit dem Wunsch nach oraler Versorgung durch den Leiter. Unterschiede und Konflikte wurden vermieden. Der Leiter reagierte auf den Widerstand der Gruppe nicht resigniert oder unwillig, obgleich das ausgeprägte Klagen und Anklagen der Patienten manchmal schwer zu ertragen war. Hierbei war es hilfreich, die Funktion des gemeinsamen Klagens auch als psychosozialen Kompromiss zur Stärkung einer beginnenden Gruppenkohäsion zu werten. Vorsichtige Interventionen richteten sich in der Anfangsphase mehr an die Gesamtgruppe. Auf den Leiter gerichtete Idealisierungs- und subtile Entwertungstendenzen, die Betonung der eigenen Lebenserfahrung sowie Äußerungen, dass es früher oder in der alten Heimat alles besser gewesen sei, wurden nicht konfrontativ gedeutet. Stützende (supportive) Interventionen in den ersten Stunden führten zum Aufbau eines tragfähigen Therapiebündnisses.

In der *Arbeitsphase* kam es zur Bildung von passageren Untergruppen, Geschlechtsdifferenzierungen wurden deutlich, Konflikte wurden anfangs weitgehend verleugnet bzw., als die Patienten untereinander zum Duzen übergingen, abgeschwächt. Eine betont sachliche Diskussion über unterschiedliche Entwicklungsbedingungen von Frauen in der Türkei, von deutschen Frauen im Zweiten Weltkrieg und von heutigen jungen Frauen ließ abgewehrte Neidgefühle erkennen. Schließlich kam es zu Machtkämpfen analer Art (i. S. der Psychoanalyse), in denen vor allem gängige ethnische Vorurteile, die bisher unter einer Fassade oberflächlicher Toleranz verborgen waren, zum Vorschein kamen. Es entbrannte eine heftige Konkurrenz, wer am kränksten sei und welche ethnische Gruppe mehr gelitten habe. Konflikte um Abgrenzung und Autonomie standen im Vordergrund. Hierbei reinszenierten die Teilnehmer durch projektive Identifikation nicht nur kindliche Erfahrungen sondern auch solche, die sie im jüngeren Erwachsenenalter gemacht hatten (z. B. Herr Arslan verfiel in gebrochenes Deutsch, als ihm die Mitpatienten mangelnde Deutschkenntnisse unterstellten). Als jüngerer Gruppenleiter fühlte ich mich manchmal getestet, ob ich genügend Empathie und Kompetenz und in der Übertragung als Elternfigur genügend Stabilität mitbringe. Hilfreich erwiesen sich meine Interventionen bezüglich Somatisierungstendenzen und des Auseinanderklaffens von traumatischen Inhalten und nicht spürbaren Affekten. Auch die Kommentierung passagerer (vorübergehender) körperlicher Phänomene während der Therapie konnte zur Affektdifferenzierung und zum szenischen Verstehen beitragen. Ein differenziertes rekonstruktiv-klarifizierendes Ansprechen, d. h. ein klärendes Ansprechen von biographischen Daten im historisch-politischen Zusammenhang erwies sich als förderlich für das interkulturelle Verständnis. Spannungsgeladene Unterschiede wurden von der Gruppe nicht mehr ängstlich verleugnet. Hierzu zählten die intergenerationelle Beziehungen, die auch zum 20–30 Jahre jüngeren Gruppenleiter deutlich wurden, interkulturelle Unterschiede der einzelnen Gruppenmitglieder (einheimische Deutsche, Vertriebene, Spätaussiedler und ehemalige Arbeitsmigranten), das Spannungsfeld der Geschlechter im interkulturellen Kontext und schließlich die verschiedenen Bildungschancen.

In der *Abschlussphase* begannen die Patienten Neues auszuprobieren, es kam zu einem Rückgang von Symptomen. Verbliebene Ressourcen wurden entdeckt, nichtgenutzte und nichtgewährte Lebenschancen und verlorene Objekte konnten betrauert werden. Hierzu gehörte die Trauer um den Verlust der Heimat der vertriebenen Deutschen ebenso wie um den Verzicht auf eine vollständige Rückkehr in das Heimatland der ehemaligen Arbeitsmigranten. Die Erkenntnis, dass Kinder und Enkel inzwischen mehr von der deutschen Kultur geprägt sind, passte in die Stimmung. Der Blick wandte sich insgesamt auf die junge Generation im Bewusstsein der eigenen Endlichkeit.

Vorläufiges Resümee und Fazit für die Praxis

Für alte Menschen unterschiedlicher Herkunft kann eine gemischtkulturelle Gruppenpsychotherapie eine Chance sein, eine zerrissene innere Kontinuität wieder zu ermöglichen. Zwanghafte, schizoide und fragmentierte Bilder, auch in Gestalt von Vorurteilen, stehen oft am Beginn solcher Gruppenprozesse. Die Gruppe fungiert als Schutz und Grenze, in der auch bisher vermiedene Tabuthemen durchgearbeitet werden können. Sie stellt einen Behälter für Projektionen dar, in dem die Identitätssplitter in Bewegung kommen. Dieser Prozess kann zum Erwerb eines im Alter wichtigen neuen Identitätsgefühls führen und somit zur Selbstwertstärkung beitragen.

Respekt der meist jüngeren Therapeuten vor Älteren, Empathie und Interesse an der Geschichte, an kollektiven Leitbilder, politischen Verhältnissen und an der Religion einschließlich religiöser Tabus kann ebenso helfen wie Überlegungen zu mystischen Vorstellungen und zur ethnischen Differenzierung im Herkunftsland, tragfähige Beziehungen aufzubauen. Die therapeutische Rekonstruktion historischer und transgenerationeller Belastungen und die Beachtung der Delegation an Kinder unterstützen den therapeutischen Prozess. Hierbei sind Übertragungen, Widerstände, Abwehrmechanismen, narzisstische Formationen, kontraphobische und altruistische Tendenzen im Hinblick auf biographische und kollektive Traumatisierungen durch Migration, Krieg, Flucht, Vertreibung und Diskriminierung zu beachten. Deshalb sind neben Übertragungsdeutungen (bei denen deutlich wird, wie frühere Konflikte in jetzigen Beziehungen zum Ausdruck kommen) auch rekonstruktive Deutungen (in denen von jetzigen Konfliktformen auf die frühere Konfliktentstehung geschlossen wird) wichtig. Die Bemühungen der Therapeuten eigene Befangenheit in Bezug auf schuldbeladene kollektive Themen wie die NS-Vergangenheit Deutschlands abzubauen ist wichtig. Auch wenn ethnische Verfolgung in den Herkunftsländern von Migranten manchmal an die schreckliche Zeit in Nazi-Deutschland erinnern, kommt es darauf an, beides nicht unreflektiert gleichzusetzen oder gegeneinander auszuspielen. Nur so kann ein tolerantes Gruppenklima entstehen.

Aus behandlungstechnischer Sicht ist auf die häufige Verbindung von Krankheit und Schuldgefühlen hinzuweisen. Hinter somatoformen Beschwerdeschilderungen verbergen sich häufig versteckte Anklagen, die nicht zu vorschnell und zu tief gedeutet werden sollten. Auch sollte man sich nicht zu rasch von Sprachschwierigkeiten irritieren lassen; sie sind häufig Ausdruck von Abwehr und Regression. Voreilige, auf Beobachtung von Einzelphänomenen basierende Diagnosen, z. B. von Psychosen und Persön-lichkeitsstörungen, die sich an mitteleuropäischen Kriterien orientieren, sind angesichts fremder mystischer Vorstellungen und anderer Wertungen hallu-zinatorischer Erlebnisse, dissoziativer Phänomene und Somatisierungen in den Herkunftsgesellschaften zu vermeiden. Für die Zukunft ist angesichts einer kulturell zunehmend gemischter werdenden älteren Bevölkerung eine bessere Ausbildung der historischen und transkulturellen

Kompetenz zu fordern, die von einer systematischen Forschung im Gebiet der transkulturellen Alternspsychotherapie unterstützt werden könnte.

Literatur

Bechtler H (2000) Gruppentherapie mit älteren Menschen. München, Basel (Rein-hardt).

Bohleber W (1997) Trauma, Identifizierung und historischer Kontext. Über die Notwendigkeit, die NS-Vergangenheit in den psychoanalytischen Deutungsprozess einzubeziehen. Psyche 51:958–995.

Eckstädt A (1999) Ein Vertriebenenschicksal in der dritten Generation. In: Schlösser AM, Höhfeld K (Hg) Trennungen. Gießen (Psychosozial-Verlag) 137–153.

Erikson E (1973) Identität und Lebenszyklus. Frankfurt a. M. (Suhrkamp).

Erim Y, Senf W (2002) Psychotherapie mit Migranten. Psychotherapeut 47:336–346.

Gampel Y (1994) Identifizierung, Identität und generationsübergreifende Transmis-sion. Z f psychoanal Theorie und Praxis 9 (3):301–319.

Grinberg L, Grinberg R (1990) Psychoanalyse der Migration und des Exils. Stuttgart (Verlag Internationale Psychoanalyse).

Hirsch M (1999) Die Wirkung schwerer Verluste auf die zweite Generation am Beispiel des Überlebensschuldgefühls und des Ersatzkindes. In: Schlösser AM, Höhfeld K (Hg) Trennungen. Gießen (Psychosozial-Verlag) 125–136.

Radebold H (2004) »Kriegskinder« im Alter. Bei Diagnose historisch denken. Deutsch Ärztebl 101 (27) A:1960–1962.

Volkan V (2000) Großgruppenidentität und auserwähltes Trauma. Psyche 54:931–951.

Volkan V (2002) Nach der Vertreibung. In: Schlösser AM, Gerlach A (Hg) Gewalt und Zivilisation. Gießen (Psychosozial-Verlag) 183–212.

Korrespondenzadresse

Dr. med. Bertram von der Stein
Quettinghofstraße 10a
50769 Köln
E-Mail: Dr.von.der.Stein@netcologne.de

Verhaltensbiologische Aspekte im Gruppenverhalten

Helmut Luft

Zusammenfassung

Das Verhalten von Menschen auch in Gruppen kann in einigen Aspekten vom tierischen Verhalten abgeleitet werden. Einige neuere Ergebnisse der Etholo-gie (Verhaltensforschung) insbesondere aus der Primatenforschung werden im Zeichen einer interdisziplinären Öffnung mitgeteilt. Mögliche Verhal-tensrelikte beim Menschen in Gruppensituationen, insbesondere bei Älteren, werden herausgearbeitet.

Stichworte: Ethologie, Primatenforschung, Herdentrieb, Relikte bei Älteren, Gruppentherapie

Abstract: Ethological Aspects in Group Behaviour

In some aspects human behaviour in groups can be understood as a deriva-tion of animal behaviour. Some new ethological findings, in particular from the research on primates, are discussed in an attempt to widen our perspec-tive of human behaviour in old age.

Key words: ethology, research on primates, relicts in elderly people, group therapy

Einleitung

Die Begründung manifesten menschlichen Verhaltens aus vor- und früh-menschlichen Anfängen gehört zu den Grundlagen der Psychoanalyse. Die »Urhorde« Darwins wurde von Freud als Modell für die Entstehung des Ödipus-Komplexes gesehen. Auch die modernen Gruppentherapien (Bion

2001, Foulkes 1974, 1978) beziehen sich auf prähumane Wurzeln. Ethologie, die Lehre vom tierischen und darauf basierenden menschlichen Verhalten (Lorenz 1963, Eibl-Eibesfeldt 1984) standen mit der Psychoanalyse in Diskurs, bis die Aufklärung der Nazi-Vergangenheit andere Prioritäten setzte. Die Ethologie hat in den letzten 50 Jahren das Wissen über das soziale Verhalten von Gruppen und Großgruppen, insbesondere bei Primaten, wesentlich erweitert. Es soll nun versucht werden, einige Ergebnisse, die als Wurzeln menschlichen Gruppenverhaltens verstanden werden können, interdisziplinär in Beziehung zu setzen.

Gruppenverhalten bei Tieren

Die Evolution hat bei allen Lebewesen Gruppenbildungen hervorgebracht. Schon niedere Tiere wie Insekten bilden Staaten, höhere sind als Herden, Rudel, Jagdgemeinschaften und Horden organisiert, mit jeweils spezifischen instinktgebundenen Verhaltensmustern. Bei den Herden ist es das Nahrung suchende Wandern und die gemeinsame Flucht, bei der Jagdgemeinschaft das Anschleichen, Zutreiben und Angreifen und beim Rudel das gemeinsame Hetzen und Erlegen der Beute. Manche Tierarten wechseln die Organisationsform je nach Erfordernis, z. B. von Reviergebundenheit zum Verbandsflug bei den Zugvögeln. Die Herde gibt Schutz, solange Herdenmitglieder sich konform verhalten. Ausscherende zurückbleibende Schwache, Kranke und Alte verlieren den Schutz und kommen durch Raubtiere oder Verhungern um. Die Herde verhält sich wie ein einziges Tier, nur herdenidentisches Verhalten ist lebenserhaltend. Der Versuch eines einzelnen Herdenmitglieds, eigene Wege zu gehen, endet oft tödlich.

Die Säugetiere haben durch den Evolutionsschritt der individualisierten Brutpflege eine höhere Organisationsstufe erreicht, auf der auch die menschliche Gesellschaft mit ihrer Fähigkeit zu Altruismus und Kooperation basiert (Eibl-Eibesfeld 1976). Danach leiten sich Fürsorge, Schutz und Liebe sowie der Bindungstrieb, der Familien und Gruppen in einer Atmosphäre von Einssein und Zusammengehörigkeit zusammenhält, von der Brutpflege mit ihren zärtlichen Mutter-Kind-Interaktionen ab.

Primaten

Nach dem Stand der neueren Forschung haben sich in der Entwicklung der Primatenarten die Orang-Utans vor 15 Millionen Jahren vom Stamm, der zum Homo sapiens führte, getrennt, die Gorillas vor 10 Millionen und die Schimpansen und Bonobos (Zwergschimpansen) erst vor 5 Millionen Jahren. Sie sind unsere engsten Verwandten, denn die DNS des Homo sapiens stimmt zu 97,7 % mit dem der Gorillas und zu 98,4 % mit dem der Schimpansen und Bonobos überein! Im Vergleich mit den Herdentieren hat sich eine Differenzierung vollzogen. Die Feldforschung (Fossey 1983, Godall 1990 u. a.) hat ergeben, dass die Menschenaffen nicht mehr ganz ununterscheidbare Bestandteile einer Herde sind, sondern in Physiognomie und Charakter einen gewissen Grad von Individualität aufweisen und dass das Gruppenverhalten durch große artspezifische Unterschiede im sozialen Leben, durch eine Hierarchie-Struktur und durch spezifische sexuelle Verhaltensweisen charakterisiert ist (Sommer u. Ammann 1998).

– Bei den Orang-Utans sind die Männchen Einzelgänger und besuchen reihum die weit verstreut allein mit ihren Kindern lebenden Weibchen.
– Gorillas leben in der sozialen Organisationsform der autoritären Hierarchie, mit einem alleinherrschenden Anführer (»Silberrücken«), der über einen Harem von bis zu 11 wechselnden Weibchen verfügt und sich mittels Imponierverhalten wie Brusttrommeln, sich Aufrichten und zweifüßigen Gang durchsetzt. Ein stark gewordener Sohn wird dann zum neuen Anführer, der den Alten vertreibt und manchmal auch dessen Kinder tötet. Im Übrigen sind die Gorillas »sanfte Riesen«, die durch empathische Laute (die an das »hm« von Analytikern erinnern) kommunizieren.
– Die Schimpansen wechseln zwischen »fusion and fission«. Sie leben gern in Großgruppen von 30 oder mehr Tieren (fusion), um sich dann wieder in Horden und Familien von ca. 6 Mitgliedern (fission) aufzuteilen. Sie sind in Brüderclans organisiert, die gern durch Krachmachen imponieren, wechselnde Koalitionen eingehen und gegen das Alpha-Tier intrigieren. Die Rollen sind geschlechtstypisch: die Männchen jagen, die Weibchen sammeln. In ihren Ausdrucksformen und ihrem Sexualverhalten sind sie expressiv, es gibt (oft heimliche) Promiskuität. Sie können auf sehr aggressive Weise um Rangordnung, Weibchen, Wasser und Nahrung kämpfen und erbitterte Kriege gegen andere Gruppen führen und dabei auch

Kinder mit und ohne Anlass töten. Andererseits wenden sie ein Reper-
toire von Beschwichtigungspraktiken an, weshalb sie als »wilde Diplomaten« bezeichnet werden.

– Die erst vor Jahrzehnten entdeckten Bonobos (Zwergschimpansen) sind
dagegen ausgesprochen friedfertige Tiere. Auch sie sind in Communities
oder Parties (mit ca. 8 Mitgliedern) organisiert. Sie werden ganz von den
Weibchen beherrscht. Aggressive Erregung scheint sich bei den Bonobos
in sexuelle Spannung umzuwandeln, die spielerisch abgeführt wird. Es
gibt homo- wie heterosexuelle Praktiken, Weibchen reiben ihre Genita-
lien aneinander (G-rubbing), Männchen betreiben eine Art Penisfechten.
Sie töten nicht und sie führen keine Kriege.

Freuds Kritik des Herdentriebs

Mit dem Phänomen des Herdentriebs beim Menschen hat sich Freud in
»Massenpsychologie und Ich-Analyse« (1921) auseinandergesetzt. Er zitiert
W. Trotter (1916), der den Herdentrieb (gregariousness) als Fortführung der
Vielzelligkeit und als primären, angeborenen, nicht weiter zerlegbaren Trieb
(Instinkt) ansieht. Widerspruch des Einzelnen gegen die Herde sei soviel wie
Trennung von ihr und werde darum angstvoll vermieden. Schuldbewusstsein
und Pflichtgefühl seien charakteristisch für den Menschen als Herdentier
(gregarious animal).

Der biologistischen Erklärung Trotters setzt Freud eine individuell-onto-
genetische entgegen. Der Mensch sei kein Herden- sondern ein Hordentier.
Es gebe keinen Herdentrieb, sondern die Phänomene seien psychologisch
ableitbar. Die Identifizierung miteinander beruhe auf der Geschwistersitua-
tion, das Gemeinschaftsgefühl und die Gleichheitsforderung leiteten sich
vom Neid ab.

Freud sieht in der Beziehung zum Urvater der (Darwinschen) Urhorde das
zentrale Element für deren Strukturierung, die gemeinsame zärtliche Bindung
an eine einzelne, allen überlegene Person, von der die Urhorde beherrscht
werden wolle, sei wesentlich. Der Einzelne gebe sein Ich-Ideal für das im
Führer verkörperte Massenideal auf. »Künstliche Massen« – so bezeichnet
Freud Organisationen wie Heer und Kirche – würden zusammengehalten
durch die Vorspiegelung, dass der Führer alle Einzelnen in gleicher und
gerechter Weise liebe. Massenverhalten beruht nach Freud nicht auf der

(quasi horizontalen) Vielzahl gleicher Zellen, sondern auf der (vertikal gegliederten) sozialen Struktur der Urhorde. Als Medien der Kommunikation untereinander sieht Freud die Identifizierung und die Hypnose an, wobei die dadurch erzeugte Suggestion nicht auf Überzeugung sondern auf die erotische Bindung gegründet sei.

Gegen Freuds Theorie ist einzuwenden, dass seine Urhorde nicht mehr das Gleiche ist wie eine Herde von Tieren. Zwar kann man sie sich in einem tiernahen Stadium vorstellen, denn Freud sagt, er habe »von Darwin aufgenommen, dass die Urform der menschlichen Gesellschaft die von einem starken Männchen unumschränkt beherrschte Horde war« (1921, S. 114) und erwähnt in diesem Zusammenhang, dass sie wohl noch ohne Sprache gewesen sei. Die Kommunikationsform der Hypnose werde »populär noch oft als tierischer Magnetismus bezeichnet« (S. 117). Insoweit besteht noch kein Unterschied zu Gorilla- und Schimpansen-Horden; er hält aber »seine« Urhorde für reif, wegen des Vatermords Schuldgefühle zu empfinden, was dazu führe, dass sich die Urhorde in eine Brüdergemeinde umwandele und mit dem Totemismus »die Anfänge von Religion, Sittlichkeit und sozialer Gliederung« (S. 114) begründe und damit den Entwicklungsschritt zum menschlichem Verhalten.

Er vermutet auch, dass die Erfindung besserer Waffen eine Voraussetzung für den Vatermord gewesen sei. Während die Menschenaffen den Hordenchef umbringen, wenn aufgrund dessen biologischer Alterung seine Zeit gekommen ist und sie dabei in aller Unschuld ihren Instinkten folgen, wird von den Brüdern in Freuds Urhorde die Tat bedacht, psychisch verarbeitet und mit sozialen Veränderungen beantwortet, die eine Wiederholung verhindern soll. Die reine Instinktgebundenheit des Verhaltens wird also durch ein höheres, humanes Prinzip überformt.

Freuds Vorstellung von der Urhorde markiert die Entstehung spezifisch menschlichen Verhaltens an einer – chronologisch nicht zu bestimmenden – Stelle im Verlauf der 5 Millionen Jahre dauernden Evolution vom Affen (über Hominiden) zum Menschen. Man kann postulieren, dass Trotter die Aspekte des Herdenverhaltens beschreibt, die sich vom kollektiven Verhalten von Tierherden ableiten, während Freud die später in der Urhorde entstandene ödipale Gruppendynamik darstellt.

Herden- und Gruppenverhalten beim Menschen

Das manifeste Verhalten des Menschen in Gruppen ist wie die Bildung von Symptomen mehrfach determiniert. Es gibt Relikte, die mit dem Instinktverhalten bestimmter Tiere auf den verschiedenen Stufen der Evolution identisch sind und es gibt vielfache Überformungen mit spezifisch humanen Verhaltensweisen, die teils aus der jeweiligen individuellen Biographie ableitbar sind. Relikte sind nicht einzige Ursache des manifesten Verhaltens, sondern dessen tiefste archaische Basis, deren Eigengesetzlichkeit aber erkannt werden sollte, da sie höhere Motivationen konterkarieren können.

Analog den Menschenaffen, die in Herden (fusion) und in Familien (fission) auftreten, lebt auch der Homo sapiens abwechselnd in seiner Familie und in Großgruppen, die von Relikten des phylogenetisch älteren Herdenverhaltens unterlegt sind. Bei Massenereignissen wie Sportveranstaltungen, bei religiösen oder weltlichen Festen (z. B. Karneval) sowie im Krieg gibt es eine gemeinsame Begeisterung und das Gefühl, eine Einheit zu sein und sich wie ein einziges (Tier-) Wesen zu verhalten und (synchron) zu bewegen. Es gibt psychische Epidemien, die durch Nachrichten (z. B. Attentat auf das World Trade Center) ausgelöst werden und eine weltweite Solidarisierung (in der islamischen Welt auch mit umgekehrten Vorzeichen) hervorrufen, als ob die Menschheit ein einziges Wesen sei – um nach dem Abklingen der Emotion sehr unterschiedlichen individuellen Beurteilungen Raum zu geben. Zwischen dem vom tierischen Verhalten ableitbaren Instinktverhalten und den individuell motivierten Handlungen kommt es zu einem für den Menschen charakteristischen Spannungsverhältnis zwischen Gruppenkonsens und individuellen Überzeugungen und Bedürfnissen.

In Familie, Beruf, Zweckverbänden und kleineren Vereinen überwiegen in der Regel die Merkmale der Arbeitsgruppe (fission). Die Arbeitsteilung erlaubt eine gewisse Individualisierung, Spezialisierung und Kooperation und optimiert die Lösung gemeinsamer Aufgaben. Die Atmosphäre ist aber auch dort permanent bedroht, weil es nicht ohne Embleme, Logos und Fahnen, Verehrung des Chefs und Versuche ihn zu entmachten geht. Dazu gehört auch das Vertreiben Einzelner durch Mobbing oder Ausgliedern als Sündenbock. In Beruf und Politik gibt es Jagdszenen, die die Form einer Hexenjagd annehmen können.

Seit der Erfindung der individualisierten Brutpflege der Säugetiere entstanden außerdem Formen der freundlich-zärtlichen Zuwendung, Versorgung und Liebe. Das Kindchenschema mit den großen Augen des Babygesichts und die »Kindchenappelle« sind Signale von Hilflosigkeit und Schutzbedürftigkeit und Auslöser für wärmendes, fütterndes und schützendes Verhalten. Anlächeln und Anstrahlen bewirken entzückte Zuwendung. Im Laufe der Evolution wurden die kommunikativen Fähigkeiten ritualisiert. Bindungsstiftende Riten sind z. B. die soziale Fellpflege mit Kraulen und Lausen im übertragenen Sinn, sowie die Mutter-Kind-Interaktionen mit Schnauzenzärtlichkeit, Kuss-Füttern und Lächel-Dialogen. Grüßen, Beschenken und Beschwichtigen bauen Feindseligkeit und Angst ab. Auch sexuelle Handlungen haben schon bei den Primaten ihre Bedeutung gewandelt und sind beispielsweise als Bindungskopulation ohne (zeugende) Ejakulation Ausdruck liebevoll-freundlicher Partnerbindung.

Psychotherapien haben Wurzeln im individualisierten Brutpflegeverhalten und verwenden Ritualisierungen (Setting, Grundregeln, Abstinenz) um archaisch-instinktive Bedrohungen zähmbar zu machen.

Einige der für das Herdenverhalten typischen Bewegungsmuster sind beim Menschen außerdem als Relikte erhalten geblieben, auf die er in bestimmten Situationen zurückgreift (regrediert). Es ist nicht immer die Identifizierung mit dem Anführer oder seiner Ideologie, wie Freud meint, sondern es gibt offenbar ebenso den primären Trieb im Sinne Trotters, mit der Herde (fusion) mitzulaufen, mitzumarschieren und Fahnen, Trommeln und Parolen zu folgen. Man spricht mit Recht vom Herdentrieb und meint das Bedürfnis, das zu tun was alle tun, um sich nicht zu unterscheiden und um sich dadurch sicher und geschützt zu fühlen.

Primäre Kommunikation

Beim Anblick eines Schwarms von Vögeln oder Fischen, der synchron Tempo oder Richtung ändert und sich wie ein Wesen verhält, das dem gleichen Impuls gehorcht, stellt sich die Frage nach dem primären Kommunikationssystem und den Signalen, die diesen Herdentrieb aktivieren. Die ethologische Forschung hat ergeben, dass viele Informationen über hoch entwickelte Sinne, über den Geruch und über akustische oder optische Signale vermittelt werden, deren Wahrnehmungsspektrum weit über das des Menschen hinaus geht und die durch zusätzliche Sinnesorgane wie etwa ein Echolot oder ein magnetischer Kompass ergänzt werden können.

Es gibt Vorstufen von Sprache schon bei Delphinen und Walen. Bei den höher organisierten Menschenaffen werden durch ein differenziertes Kommunikationssystem von empathischen Lauten, Körperkontakt, Körperhaltungen, Gestik und Mimik Emotionen, Absichten und Informationen vermittelt. Die primäre Kommunikation ist aber sicher nicht nur aus der Addition von Sinneseindrücken zu erklären, sondern auch durch unmittelbar übertragene Signale. Eine Schlüsselfunktion haben dabei die Affekte. Der im Ablauf des Instinktkreises durch Hunger oder Durst etc., also durch Appetenz vorbereitete und durch Triggersituationen ausgelöste Affekt, ruft Instinkt- und Verhaltensmuster auf und mobilisiert damit die spezifischen Verhaltensweisen wie Fressen, Jagen, Angriff oder Flucht (»fight or flight« wurde von Bion 1961 als Reaktionsform von Gruppen erkannt). Die vom Leittier oder einem Wächter ausgelösten Affekte bewirken durch unmittelbare Affektansteckung bei der ganzen Herde ein gemeinsames Verhalten. Freud neigt nach früherer Skepsis aufgrund eingehender Untersuchungen schließlich 1933 zu der Ansicht, dass es Gedankenübertragung, Telepathie und primäre Kommunikation gibt: »Man weiß bekanntlich nicht, wie der Gesamtwille in den großen Insektenstaaten zustande kommt. Möglicherweise geschieht es auf dem Wege solch direkter psychischer Übertragung. Man wird auf die Vermutung geführt, dass dies der ursprüngliche, archaische Weg der Verständigung unter den Einzelwesen ist, der im Lauf der phylogenetischen Entwicklung durch die bessere Methode der Mitteilung mit Hilfe von Zeichen zurückgedrängt wird, die man mit den Sinnesorganen aufnimmt. Aber die ältere Methode könnte im Hintergrund erhalten bleiben und sich unter gewissen Bedingungen noch durchsetzen, z. B. auch in leidenschaftlich erregten Massen« (1933, S. 494).

Diese beim Menschen im Hintergrund erhalten gebliebene primäre Kommunikation geschieht unbewusst, spontan, unvermeidbar, überwiegend in vorsprachlichen codierten Abläufen und unmittelbar emotional verständlich. Bei allen Großgruppenereignissen wie Theater, Rockkonzerten und Kongressen kann eine Geste, eine Emotion oder eine Szene der Protagonisten unmittelbar und zeitgleich die gleiche Emotion beim Publikum mit hör- und spürbarem Ausdruck hervorrufen, als ob es ein Wesen sei.

Für die Interaktion in der Psychotherapie ist die Bereitschaft sich auf die Ebene der primären Kommunikation einzulassen unerlässlich. Die Mitteilungen des unbewussten Erlebens und der Übertragung und Gegenübertragung erschließen sich ganz überwiegend durch szenische Darstellung auf averbalen Wegen durch Einfühlung und Empathie. Der Austausch geschieht wie innerhalb eines Wesens, als ob die Ich-Grenzen aufgehoben wären, oder wie zwischen Mutter und Kind. Haltungen von primärer Mütterlichkeit bilden die Basis der Beziehung.

Regression auf Relikte bei Älteren

In der klassischen Psychiatrie sind psychische Erkrankungen von maßgeblichen Autoren als Relikte aus der Vorzeit angesehen worden. So vermutet Kraepelin (1920) unter Bezug auf Darwin, dass »in Krankheitszuständen verschollene Regungen aus der Vorzeit der persönlichen und stammesgeschichtlichen Entwicklung neues Leben gewinnen«. Es besteht unter Psychiatern auch weitgehend Konsens darüber, dass in den Inhalten endogener Psychosen entindividualisierte archaische Grundängste, denen Relikte tierischer Verhaltenweisen zugrunde liegen, erscheinen. Das gilt besonders für Ältere, deren Einschränkungen durch Abbau und Behinderungen archaische Ängste wecken und zur Regression auf ein psychotisches Niveau disponieren.

Als Kliniker machte ich bei Älteren oft die Erfahrung, dass zuerst Depressionen oder psychosomatische Syndrome bestanden, denen therapeutisch zugängliche persönliche Konflikte zugrunde lagen. Im weiteren Verlauf, oft Monate oder Jahre später, traten stufenweise zunehmend Zustandsbilder mit irreversibler Regression auf, bei denen immer unpersönlichere archaisch-ethologische Grundmuster wie Gefühle der Verfolgung, Beraubung und Verarmung und Bewegungsmuster von Erstarrung oder Getriebensein eintraten.

Nicht immer ist ein solch schlimmer Verlauf das unabwendbare Ergebnis organischer Abbauprozesse, sondern es können auch andere, psychische und psychosoziale Faktoren des multifaktoriell bestimmten Alterungsprozesses dafür maßgeblich sein. Einige spezifische Konflikte Älterer korrelieren recht eindeutig mit ethologischen Grundmustern. Eines davon ist das der weiterziehenden Herde, die kranke, schwache und alte Tiere zurücklässt, sodass diese den der Herde folgenden Raubtieren zum Opfer fallen. Einer meiner Patienten wurde beispielsweise depressiv, als er beim Marathon in einer Gruppe, die ihm viel bedeutete, wegen Urininkontinenz nicht mehr mitlaufen konnte. Die Ängste der Älteren, verlassen und abgeschoben zu werden oder zu verarmen, werden zwar oft durch konkrete Verluste und Veränderungen der Lebenssituation ausgelöst und durch aktuelle oder lebensgeschichtlich motivierte Konflikte aktiviert. Sie tauchen aber auch davon unabhängig in den Phantasien und Träumen Älterer auf, verlassen zu werden, verloren zu gehen oder etwas verloren zu haben, den Heimweg nicht mehr zu finden, umkommen zu müssen oder gefährlichen Tieren ausgesetzt zu sein. Das sind m. E. Hinweise auf eine archaische im kollektiven Gedächtnis gespeicherte Urangst. Auch in der typischen Altersangst bestohlen d. h. beraubt zu werden, ist die Assoziation an Raubtiere enthalten, die bei vielen älteren Menschen vorkommt.

Das bei uns gefürchtete Ausgesetzt-werden wird von bestimmten afrikanischen Stämmen auch heute noch als Bestattungsritual praktiziert: Kranke und Alte werden ins Freie gebracht, damit sie nachts von den Hyänen geholt werden. Im Haus dürfen sie nicht sterben, weil das Haus sonst unrein würde. Sie haben aber keine Angst, denn sie glauben, dass die Ahnen bei ihnen sind.

Ein anderes Beispiel für die Aktivierung ethologischer Grundmuster bei altersspezifischen Konflikten ist die Aufgabe des Berufs und der altersbedingte Rückzug. Er verläuft in vielen, von der persönlichen Situation und den Ressourcen bestimmten Formen. Dabei finden sich unter den günstigen Bedingungen unserer Zeit wohl überwiegend zufrieden stellende Lösungen. Andererseits ist es erstaunlich wie im subjektiven Erleben Älterer das z. B. von Schimpansen und Gorillas her bekannte Grundmuster zu erkennen ist: Das geschwächte Alpha-Tier wird durch die jüngere und stärker gewordene Beta-Garnitur gestürzt und die vertikale Hierarchie kehrt sich um. Der Verabschiedete kämpft noch um Privilegien und Einfluss, aber er wird vertrieben und nicht mehr beachtet, er wird dann hilflos und kommt um und mit ihm die von ihm favorisierten Kinder und Nachfolger. Ich vermute, dass psychiatrische Patienten, bei denen ich dieses Phänomen zuerst beobachtet habe, besonders dazu neigen, ihre Lebenssituation in solch archaischen Formen zu erleben, habe aber den Eindruck gewonnen, dass das bei den meisten Menschen in diskreterer Form ebenso vorkommt.

Unter meinen männlichen Patienten waren einige, die jüngere Vorgesetzte als unerträgliche Zumutung empfanden, oder die die Computertechnik nicht mehr erlernen konnten und wegen der hierin kompetenteren Jüngeren das Feld räumen mussten. Solche Erfahrungen wurden Anlass für das meist unfreiwillige Ausscheiden aus dem Beruf und für den Ausbruch der Psychopathologie, besonders wenn Schwächungen durch körperliche Erkrankungen und Verluste hinzukamen.

Berufsaufgabe bedeutet zugleich die Vertreibung aus gewohntem Revier, das man nicht mehr markieren kann und mit dem man seine Ressourcen verloren hat. Ebenso kann man bei Umzugsdepressionen an die Aufgabe des gewohnten Reviers und an eine Versetzung in ein anderes, fremdes Revier denken, an das man sich schwer adaptieren kann. Es gibt dafür viele Beispiele, wenn Ältere ihre Wohnung aufgeben und ins Altersheim ziehen müssen.

Relikte in der Gruppentherapie

Einige Theorien der Gruppentherapie enthalten explizit oder implizit Hinweise auf ihre Verwurzelung in der Ethologie. Der einzelne Gruppenteilnehmer wird oft als Teil einer Herde beschrieben, die sich mittels primärer Kommunikation verständigt. Bion (1961) bemerkte, dass die »Gruppe oft als Einheit in kollektiver seelischer Aktivität funktioniert« und dass die Fähigkeit zu sofortigem gleichförmig-verbundenen (»instantaneous, inevitable, instinctive«) Gefühlshandeln mit anderen, eine »spontane, unbewusste Funktion der Herdeneigenschaft in der menschlichen Persönlichkeit« angeboren sei (S. 100). »Das Individuum hat Merkmale, deren wahre Bedeutung nicht verstanden werden kann, wenn man sie nicht als Teile seiner Ausstattung als Herdentier betrachtet« (S. 97).

Auch für Foulkes (1974) »existieren menschliche Individuen nicht in der Isolation« sondern in einem »Interaktionsnetz, in dem das Individuum nur ein Knotenpunkt ist, wobei jede Änderung eines einzelnen Knotenpunktes das Gesamtgefüge mehr oder weniger stark ändert und daher den Widerstand der anderen hervorruft« (S. 23) – eine Definition, die auch auf die Situation des Individuums in einer Herde zutrifft. Er nennt weiter die (154 f.) »epidemische Ausbreitung von Gefühlen«, oft ausgelöst durch nonverbale Kommunikation.

Auch die drei Reaktionsformen (Grundannahmen), auf die jede Gruppe nach Bion (1961) typischerweise regrediert, lassen sich von Grundmustern tierischen Verhaltens ableiten:

– Die Abhängigen-Gruppe versteht sich als völlig abhängig von einem schützenden, allmächtigen und gottgleichen Führer, der allein alle Probleme lösen kann.

- Die Kampf-Flucht(fight-flight)-Gruppe sieht es als ihre einzige Aufgabe an, ein böses Objekt, das außerhalb ist, zu vernichten oder ihm durch Flucht zu entgehen.
- Die Paarbildungs-Gruppe (pairing) schließlich erwartet, dass ein Paar in ihrer Mitte für Nachkommen sorgt, die die Probleme der Gruppe lösen sollen.

Die reife Form der Gruppenkooperation ist nach Bion die strukturierte *Arbeitsgruppe*, die durch Erfahrung lernen will, Anstrengung und Frustration auf sich nimmt und die Lösungen auf der Ebene der Realität sucht. Jede Gruppe von 7 oder mehr Teilnehmern, die eine familiale Gruppe zahlenmäßig übersteigt, wird unvermeidlich von den Grundannahmen unbewusst gesteuert, während eine Gruppe von 6 Teilnehmern noch zwischen den Konflikten der individuellen Abhängigkeit und denen der Herdendynamik (Selbstbestimmung oder Gleichförmigkeit) schwankt. Für beides sei der Mensch durch biogenetisch vorgeburtliche Anlagen disponiert. Bion gewann diese Einsichten aus seiner Erfahrung mit dem Verhalten von Soldaten. Es wäre zu untersuchen, welche anderen unbewussten und evtl. ethologisch basierten Grundmuster bei Älteren in Gruppensituationen reaktiviert werden.

Für die stationäre Gruppentherapie wurden Modelle entwickelt, die den Kriterien von Arbeitsgruppen entsprechen und bei denen Einzel- und Gruppenbehandlung sowie verbale und averbale Methoden in ausgewogenem Verhältnis stehen (Janssen 1987, Peters 2002). Die emotional dichte Situation in einer Klinik begünstigt die Bereitschaft zur Regression erheblich (Luft 1998). Viele Patienten suchen in einer Klinik die Geborgenheit wie in einer Herde unter dem Schutz eines vertrauenswürdigen Leiters. Im Zustand der Regression kann dann aber schnell die emotionale Situation einer von Feinden umgebenen Herde entstehen, wobei die Rollen zwischen Patienten und Therapeuten projektiv wechseln können (Trimborn 1983).

Nach meinen eigenen Erfahrungen sind zu Beginn einer Gruppentherapie viele Gruppenteilnehmer auf ein von archaischer Angst unterlegtes Herdenverhalten regrediert. Sie vermeiden es, sich von anderen zu unterscheiden, sie möchten im Schutz der Herde bleiben, sich in ihr verstecken und nicht hervortreten. Sie tendieren dazu, sich herdenkonform zu verhalten, nur das zu sagen, was andere auch sagen und wagen es noch nicht, sich als eigene Person zu profilieren.

Die Verständigung in der Gruppe erfolgt ganz überwiegend durch Formen der primären Kommunikation. Gedankenübertragung, wobei zwei oder mehr Gruppenteilnehmer gleichzeitig den gleichen Gedanken haben, und Affektansteckung, mittels der einige oder alle das Gleiche fühlen und empfinden, sind nicht selten.

Die Teilnahme an einer Gruppe wird von manchen unbewusst als Zwang zum Herdenverhalten erlebt und weckt bei Älteren Erinnerungen an ähnliche, oft traumatische Situationen wie bei der Einziehung zum Militär oder bei der Vertreibung mit den damit verbundenen archaisch-regressiven Affekten und Widerständen. Andere zögern und sind reserviert, weil sie die Aufgabe ihrer Privatheit und Autonomie und die Auslieferung an eine ihnen unbekannte Gruppe fürchten, was spezifische archaische Ängste weckt und etologische Verhaltensmuster aktivieren kann.

Zwischen Jüngeren und Älteren können weiterhin im Verlauf des Gruppenprozesses Konflikte aufkommen, bei denen ein Teil auf archaische Rangordnungskonflikte zurückzuführen ist. Der Gruppenleiter als Alpha-Wolf und Silberrücken und andere Ältere werden angegriffen und auf ihre Stärke geprüft. Die Jüngeren fühlen sich bevormundet und verfolgt, schmieden wie die Brüderclans der Schimpansen und der Urhorde Pläne, den Urvater zu beseitigen und die Älteren zu entmachten. Verhaltensweisen der Jagdmeute richten sich gegen einzelne Mitglieder, die verfolgt und vernichtet oder zum Sündenbock erklärt und vertrieben werden sollen. Manchmal hacken alle plötzlich auf ein Gruppenmitglied los.

Da sich alle diese Verhaltensmuster meist an realen Anlässen festmachen, wird der archaische Anteil oft nicht erkannt. Mit meinem Beitrag plädiere ich dafür, den Anteil von Regressionen auf ethologisch definierbare Grundmuster mitzusehen. Der klinische Wert besteht m. E. darin, in diesem instinktgebundenen Verhalten eine Gegenkraft zu Therapie und Progression zu erkennen und dem archaisch-regressiven Sog entgegenwirken zu können. Die Neigung älterer Menschen zur Regression in archaische und im Tierverhalten vorgegebene Grundmuster steht in dialektischer Spannung zu den Möglichkeiten, die Vorteile des Alters zu nutzen und Entwicklungsziele zu erreichen. Die Spannung zwischen dem triebgebundenen anonymen Herdentier im Menschen, das seinen imperativen Trieben ohne Wahl folgen muss und dem Menschen als Person mit seinen Erkenntnissen und individuellen Entscheidungsmöglichkeiten wird durch die Regression in der Gruppe verstärkt. Die Chance von Gruppentherapien liegt darin, die durch Gruppensituationen forcierten archaischen Regressionen zu erkennen und damit zu arbeiten, so dass die Entwicklung zu einer Arbeitsgruppe erreicht wird, in der die individuellen Fähigkeiten und Entwicklungsmöglichkeiten sich manifestieren können, sodass individuelle realitätsgerechte reifere Anpassungen und Lösungen möglich werden.

Zusammenfassung und Ausblick

Die neueren Ergebnisse der Ethologie und der Genforschung regen dazu an, die Frage ›Wie viel Tier ist im Menschen‹ neu zu überdenken. Auch die Hirnforscher (Roth 1997, Singer 2002) weisen uns darauf hin, dass nicht wir als Vernunftwesen unsere Entscheidungen treffen, sondern dass das limbische System (ein Teil des Gehirns, in dem die Affekte verankert sind), das wir mit Tieren gemeinsam haben, dabei eine große Bedeutung hat.

In dieser Arbeit wird der Frage nachgegangen, in welchen normalen und pathologischen Formen tierisches Verhalten im Menschen zum Vorschein kommt. Einige der in der Ethologie erforschten Grundmuster bleiben als Relikte im Menschen erhalten und bestimmen speziell das Gruppenverhalten Älterer mit. Gruppentherapie hat neben den auf individuelle Konflikte bezogenen Aufgaben auch eine Vermittlerrolle. Sie fördert die phylogenetische Entwicklung vom Animalischen zu mehr individueller Humanität und Kultur, indem die auftretenden dialektischen Spannungen reflektiert werden können.

Die bisherigen Aussagen sind vorläufig und unvollständig, da die Ethologie über eine Vielzahl von Beobachtungen und Daten verfügt, die weitere Aufschlüsse über menschliches Verhalten geben könnten.

Literatur

Asya L, Kadis J et al. (1974) Praktikum der Gruppenpsychotherapie. Stuttgart-Bad Cannstatt 1982 (Fromann-Holzboog).

Bion W (1961) Erfahrungen in Gruppen und andere Schriften. Stuttgart 2001 (Klett-Cotta).

De Waal F (1991) Wilde Diplomaten. Versöhnung und Entspannungspolitik bei Affen und Menschen. München (Carl Hanser).

Eibl-Eibesfeldt I (1976) Liebe und Hass. Zur Naturgeschichte elementarer Verhaltensweisen. 12. Aufl. München 1998 (Piper).

Eibl-Eibelsfeld (1999) Grundriss der vergleichenden Verhaltensforschung. Ethologie. München (Piper) (Erstauflage 1966 als ›Ethologie, die Biologie des Verhaltens‹).

Eibl-Eibelsfeld I (1984) Die Biologie des menschlichen Verhaltens – Grundriss der Humanethologie. München 1995 (Piper).

Fossey D (1983) Gorillas im Nebel. München 1989 (Kindler).

Foulkes SH (1974) Gruppenanalytische Psychotherapie. München (Kindler).

Foulkes SH (1978) Praxis der gruppenanalytischen Psychotherapie. München (Reinhardt).

Freud S (1921) Massenpsychologie und Ich-Analyse. Studienausgabe Bd. IX.

Freud S (1933) Neue Folge der Vorlesungen zur Einführung in die Psychoanalyse. Studienausgabe Bd I.

Goodall J (1990) Ein Herz für Schimpansen. Reinbek 1996 (Rowohlt).

Janssen PL (1987) Psychoanalytische Therapie in der Klinik. Stuttgart (Klett-Cotta).

Kraepelin E (1916) Einführung in die psychiatrische Klinik. Leipzig (Barth).

Lorenz K (1963) Das so genannte Böse. Zur Naturgeschichte der Aggression. München 1983 (dtv).

Luft H (1998) Die Machbarkeit von Veränderung. In: Vandieken R, Häckl E, Mattke D (Hg) Was tut sich in der stationären Psychotherapie. Gießen (Psychosozial-Verlag).

Luft H (2003) Psychoanalytische und ethologische Aspekte zur Affektlehre. In: Nissen G (Hg) Affekt und Interaktion. Stuttgart (Kohlhammer).

Peters M, Beetz E (2002) Entwicklungsorientierte stationäre Behandlung Älterer. In: Peters M, Kipp J (2002) Zwischen Abschied und Neubeginn. Gießen (Psychosozial-Verlag).

Roth G (1997) Das Gehirn und seine Wirklichkeit. Frankfurt am Main (Suhrkamp).

Singer W (2002) Der Beobachter im Gehirn. Frankfurt a. M. (Suhrkamp).

Sommer V, Ammann K (1998) Die großen Menschenaffen. Die neue Sicht der Verhaltensforschung, München (BLV).

Trotter W (1916) »Über den Herdentrieb« zitiert in Freud (1921) S. 110.

Trimborn W (1983): Die Zerstörung des therapeutischen Raumes. Psyche 37:204–236.

Korrespondenzadresse

Dr. med. Helmut Luft
Im Klingen 4 b
65719 Hofheim/Taunus
E-Mail: hluft@t-online.de

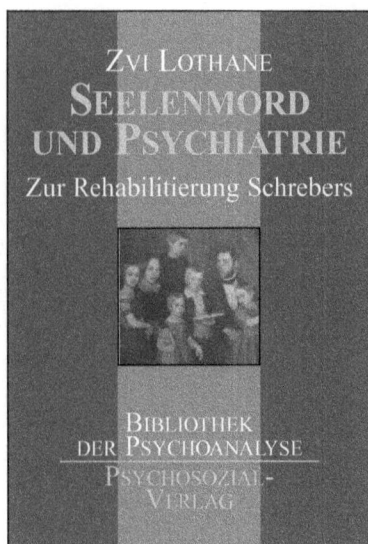

ZVI LOTHANE
SEELENMORD
UND PSYCHIATRIE
Zur Rehabilitierung Schrebers

BIBLIOTHEK
DER PSYCHOANALYSE
PSYCHOSOZIAL-
VERLAG

2004 · 665 Seiten · gebunden
EUR (D) 49,– · SFr 84,–
ISBN 3-89806-242-2

Zvi Lothane zeichnet Leben und Werk Daniel Paul Schrebers in einer historisch präzisen Rekonstruktion nach, bedient sich dabei aber nicht der gängigen und vorherrschenden Interpretationsschemata wie Freuds Paranoia-Theorie oder Niederlands und Schatzmanns These über den sadistischen Vater Moritz Schreber, welche das Bild der Schreber-Forschung jahrzehnte lang bestimmt haben. Diese Auffassungen hält Lothane für widerlegt.

Er bringt seine psychiatrische und psychoanalytische Sachkenntnis ein, um die vorherrschenden Meinungen über Beschreibung, Diagnose, Deutung und Dialektik von Schrebers Leben und Krankheit neu zu überdenken. Schreber war, so Lothane, einem dreifachen »Mord« unterworfen: dem »Seelenmord«, begangen von seinem Psychiater Paul Flechsig, der seinen Patienten in die Irrenanstalt verbannte anstatt ihn angemessen zu behandeln; dem »Justizmord«, begangen vom Anstaltsdirektor Weber, welcher die Entmündigung Schreber veranlasste und dem »Rufmord« Elias Canettis, der in Schrebers vermeintlicher Paranoia ein Modell für Hitlers psychische Disposition sah.

Lothanes Buch ist eine Wiedergutmachung an Schreber und präsentiert einen um-

P🔲V
Psychosozial-Verlag

Tägliche Gruppentherapie in der psychiatrischen Klinik mit älteren depressiven Patienten – eine vierwöchige naturalistische Untersuchung

Johannes Kipp, Milos Kratochvil, Nina Dixon, Cornelia Janz und Doris Schulte

Zusammenfassung

Eine seit Jahren viermal pro Woche stattfindende Gruppentherapie für ältere Menschen mit depressiven Störungen (Kipp u. Groß 2004), bei der alternierend verschiedene Therapiemethoden eingesetzt werden, wird hier hinsichtlich der Themen, des Verlaufes und der subjektiv eingeschätzten Wirkung 4 Wochen lang untersucht. In den Gruppen werden ganz unterschiedliche Erlebnisbereiche thematisiert: in der Bewegungstherapie körperliche Beschwerden durch akut aufgetretene Symptome oder auch durch altersspezifische Veränderungen, in der analytischen Gruppentherapie Konflikte in Beziehungen zu Hause und auf den Stationen und in der »Märchengruppe« allgemeinere Themen der Außenwelt, während in der Kunsttherapie die Gesprächsthemen unabhängig von der Methode sind. Durch multiprofessionelle Zusammenarbeit und durch eine Kombination von Therapiemethoden können in der psychiatrischen Regelversorgung intensive Gruppentherapieprogramme realisiert werden.

Stichworte: Alterspsychotherapie, analytische Gruppentherapie, Bewegungstherapie, Kunsttherapie, Altersdepression

Abstract: Daily Group Therapy with Elderly Depressed Patients in a Psychiatric Clinic – a Four-Week Naturalistic Research

The article reports on a long term group therapy (four days a week) with elderly depressed patients. It analyses the choice of topics, the group process and patients' subjective assessment. Each day the group is offered a different therapeutic approach: while the movement therapist tries to motivate patients to focus on their body, the psycho-analytical group therapy deals with individual conflicts and problems of interpersonal relations. By reading popular fairy tales to the group, members are stimulated to reflect on general topics of the outside world. The creative arts group generates topics that seldom seem to be connected to the active creative process the members engage in. It is argued that an intensive group therapy involving different therapeutic methods is effective in creating a feeling of group coherence and also is regarded as helpful by most of the elderly patients.

Key words: Psychotherapy with elderly patients, analytical group therapy, physical exercise group, creative arts group, depression of elderly patients

Klinik für Psychiatrie und Psychotherapie, »Ludwig-Noll-Krankenhaus«, des Klinikums Kassel mit fünf gemischten Stationen. Die Betreuung der Patienten erfolgt in multiprofessioneller Teamarbeit. Indikationsspezifisch werden täglich acht parallel laufende Gruppentherapieprogramme stationsübergreifend angeboten, mit dem Ziel, dass jeder Patient täglich ein Angebot nutzt.

Beschreibung des gruppentherapeutischen Vorgehens

Seit 1980 bietet unsere Klinik erfolgreich Gruppentherapien für ältere Menschen mit Depressionen an (Kipp 1995). Über die Jahre hat sich daraus ein Gruppenangebot entwickelt, das an vier Wochentagen (außer Mittwoch) dieselben Personen mit unterschiedlichen Therapiemethoden anspricht. Dieses in unserem Klinikbetrieb als Gesprächs- und Erleben-Gruppe (G- und E-Gruppe) bezeichnete Angebot für bis zu zehn Patienten wird von einem festen multiprofessionellen Therapeutenteams geleitet.

Jeden Vormittag werden zwischen 10.00 und 11.00 Uhr in nachfolgender Reihenfolge durchgeführt:

Montags: Konzentrative Bewegungstherapie, geleitet durch eine Tanz- und Bewegungstherapeutin

Dienstags: Analytisch orientierte Gruppenpsychotherapie unter der Leitung eines ärztlichen Psychotherapeuten mit langjähriger Gruppentherapieerfahrung

Donnerstags: »Märchengruppe« – geleitet von einer Kunsttherapeutin. Hierbei wird jeweils auf Vorschlag der Therapeutin oder eines Teilnehmers ein Märchen vorgelesen und besprochen.

Freitags: Kunsttherapie – geleitet von derselben Therapeutin

Dadurch, dass die Kunsttherapeutin für zwei Gruppen pro Woche verantwortlich ist, ist sie von besonderer Bedeutung für die Teilnehmer und die Entwicklung des Gruppenprozesses insgesamt. Sie ist es auch, die im Allgemeinen die Vorgespräche mit den Patienten führt, nachdem die Indikation zur Teilnahme an der Gruppe von den jeweiligen Stationstherapeuten gestellt wurde.

Neue Gruppenteilnehmer werden in der Gruppe kurz vor der Aufnahme angekündigt. In der Regel werden sie erst aufgenommen, wenn ein Platz durch das Ausscheiden eines Patienten frei geworden ist (slow-open-Gruppe). Das im Laufe der Jahre entwickelte Konzept haben wir erst kürzlich ausführlich beschrieben (Kipp u. Groß 2004) und hinsichtlich der therapeutischen Implikationen diskutiert.

Wir haben in der Klinik die Erfahrung machen können, dass der Einsatz dieser unterschiedlichen Therapiemethoden wesentlich dazu beiträgt, die spezifischen Widerstände Altersdepressiver in der Gruppentherapie zu reduzieren. Zudem gewährleistet das nahezu tägliche Angebot, dass auch bei den zunehmend kürzeren Verweildauern die Patienten an einer ausreichend hohe Zahl von Gruppensitzungen, d. h. in der Regel mehr als an 20 Sitzungen teilnehmen können.

Um unsere Arbeit weiter zu entwickeln, haben wir über vier Wochen unser Vorgehen aus unterschiedlichen Perspektiven dokumentiert. Dabei interessierte uns besonders die Einschätzung der verschiedenen Methoden durch Therapeuten und Patienten.

Während der Evaluationsphase wurden die Gruppen unverändert durchgeführt. Das bedeutet, dass es auch zu kliniktypischen Veränderungen kam. So waren auch in diesem Zeitraum Vertretungen notwendig.

Erhebungsverfahren

Der Studie liegen Erhebungsverfahren zugrunde, die wir z. T. selbst entwickelt haben (Kipp et al. 2000) und bei der wir z. T. auch von gängigen Evaluationsinstrumenten Gebrauch machen:

a) Patientenbefragung
   Die Patienten wurden gebeten,
   - nach jeder Gruppensitzung ein Blatt zur Wirksamkeitseinschätzung (Kipp et al 2000) und
   - jeden Dienstag zwei kurze psychologische Fragebögen: Beschwerdeliste/B-L (von Zerssen 1976b) und Paranoid-Depressivitäts-Skala/ PD-S (von Zerssen 1976a) auszufüllen. Beiden Aufgaben kamen sie mit großem Eifer nach.

   Die eingesetzten Skalen (PD-S u. B-L) sind zwar nur bis zum Alter von 64 Jahren geeicht. Da es um eine Verlaufsuntersuchung geht und nicht um die Bestimmung von Absolutwerten, wurde diese Einschränkung als akzeptabel angesehen.

b) Bewertung der Therapeuten
   Die Therapeuten waren gehalten, den jeweiligen Gruppenverlauf zu beschreiben
   - als Gruppenprotokolle in freier Form; wobei vor allem die Gruppenthemen ausgewertet wurden,
   - in patientenbezogenen Wochenberichten, in denen jeder Therapeut zum Verhalten und zu den Problemen jedes Patienten in seiner Gruppe Stellung nimmt.

   Die Gruppenprotokolle und die Wochenberichte der Therapeuten wurden wie immer, wenn auch vielleicht ausführlicher, geschrieben.

c) Patientendaten
   Die Krankenblätter wurden zur Auswertung von Alter, Diagnosen, Zeit und Verlauf der Behandlung hinzugezogen. Die regelmäßig wöchentlich stattfindende Gruppensupervision gewährleistete die gemeinsame Reflektion.

Gruppenteilnahme

In Abbildung 1 werden Dauer und Regelmäßigkeit der Gruppenteilnahme dargestellt. Die Gruppenteilnahme im Untersuchungszeitraum war von relativ hoher Kontinuität gekennzeichnet. Nur eine Patientin musste krankheitsbedingt für längere Zeit ausscheiden. Zwei Patienten fehlten, um Probetage in unserer *Tagesklinik für Psychogeriatrie* wahrzunehmen.

Bei Patienten im höheren Alter kommen sonst häufigere Therapieunterbrechungen vor – meist durch körperlicher Symptome (vgl. Bechtler 2000). Ursache dafür können sowohl körperliche Erkrankungen (Multimorbidität) als auch Somatisierungsvorgänge durch nicht verbalisierbare Konflikte im Rahmen der Depression sein. Die hohe Kontinuität der Teilnahme im Beobachtungszeitraum führen wir auch auf die mit der Erhebung verbundene Aufwertung der Gruppe zurück.

Untersuchungszeitraum

		1. Woche 1 2 4 5	2. Woche 8 9 11 12	3. Woche 15 16 18 19	4. Woche 22 23 25 26	
Fr. A	10 x ←	• • • •	• • • •	• •	• • • •	→ 5 x
Fr. B	8 x ←	• • • •	• • • •	•		
Fr. C	11 x ←	• • • •	•	•		→ 3 x
Fr. D		• •	• • • •	• • • •	• • • •	→ 14 x
Hr. E	14 x ←	• • • •	• • • •	• • • •	• • • •	→ 3 x
Hr. F	4 x ←	• • • •	• • • •	•		→ 17 x
Fr. G		• • • •	• • • •	• • • •	• • • •	→ 21 x
Fr. H	109 x ←	• • • •	• • • •	• • • •	• • • •	→ 71 x
Hr. I		• •	• •			
Hr. J				•	• • • •	→ 1 x
Fr. K			• •	• • • •		→ 4 x

Abb. 1: Gruppenteilnahme

Themen der Gruppen im Wochenverlauf

Ein wesentlicher Effekt der zeitlich dichten, hochfrequenten Gruppentherapie liegt darin, dass durch die Intensität des Angebotes auch bei chronisch Kranken Veränderungsprozesse in Gang gesetzt werden; Gruppenangebote, die nur einmal pro Woche stattfinden, erzeugen bei schwer gestörten Patienten oft keine ausreichende Resonanz. Durch die Mitarbeit verschiedener Therapeuten mit je unterschiedlichen Methoden kommt es außerdem bei den Gruppenpatienten zu einer geringeren Regressionstiefe. Sonst besteht bei älteren depressiven Patienten die Gefahr, dass sie in der Gruppe soweit regredieren, dass es zu einer beinahe unauflösbaren dyadischen Beziehung zwischen Gruppe und Therapeut kommt. Den Gruppenteilnehmern wird es durch den Therapeutenwechsel erleichtert, unterschiedliche Gefühle in den angebotenen Übertragungsbeziehungen zum Ausdruck zu bringen (Triangulierung). So können sie leichter regressive Position verlassen (Groß et al 1997).

Wie möchten hier der Frage nachgehen, inwieweit die angewandten Methoden das jeweilige Gruppengeschehen und die Themen beeinflussen. Anhand der Gruppenprotokolle lässt sich klären, ob abhängig von der Methode bestimmte Themen zur Sprache kommen.

Alle Gruppensitzungen beginnen mit einem »Anfangsblitzlicht« und geben so den Patienten die Gelegenheit, sich zu ihrer aktuellen Befindlichkeit zu äußern und einander mit ihren Problemen wahrzunehmen. Das Blitzlicht gibt Hinweise auf eine Gruppenphantasie und hilft auch zu entscheiden, welche Bewegungs- oder Gestaltungsformen in der Stunde durchgeführt werden sollen.

Die Protokolle der *konzentrativen Bewegungstherapie* am Montag verzeichnen ausnahmslos Klagen der Teilnehmer über körperliche Beschwerden. Am ersten Montag wird aber auch über die Möglichkeiten in der Bewegungstherapie gesprochen, Leistung zu zeigen und sich hierdurch sicher zu fühlen. Während die Teilnehmer in der zweiten Woche sich relativ wohl fühlen und rückblickend von ihrer Depression sprechen, stehen in der dritten Woche die somatisierten Beschwerden (Kopfschmerz, Schwindel) wieder ganz im Vordergrund. Es scheint, als seien die Teilnehmer wieder ganz von ihren Depressionen eingeholt worden. Diese Veränderung könnte mit dem Ausscheiden zweier stabilisierter Gruppenmitglieder zu tun haben, da Gefühle des Verlassenwerdens häufig solche Reaktionen hervorrufen.

Alle vier Protokolle der *analytischen Gruppentherapie* zeigen, dass auch in diesen Gruppen körperliche Beschwerden thematisiert werden. Im

Vergleich zur Bewegungstherapie geschieht dies aber auf eine andere Weise: Hier liegt der Fokus auf Klagen, dass der Körper nicht mehr »mitmache« und so den durchaus vorhandenen Tatendrang dämpfe; die Depression »sauge geradezu das Leben heraus«. Weiter wird über Beziehungen zur Außenwelt gesprochen: über ›schlimme andere Patienten‹, über Ehemänner, auf die man sich nicht verlassen könne etc. Dies sind Themen, die auch als projektive Abwehr eigener aggressiver Impulse verstanden werden können. Es geht aber dann auch um die Trauer über alters- und krankheitsbedingte Einschränkungen. In der vierten Woche wird nicht über somatische Beschwerden gesprochen, sondern über positive Erinnerungen an die Eltern und über Schuldgefühle, sich ihnen nicht mehr erkenntlich zeigen zu können.

Die *»Märchengruppe«* wird in den ersten beiden Wochen vertretungsweise von einer Gestaltungstherapeutin und erst dann wieder, wie üblich, von der Kunsttherapeutin geleitet. Ein Einfluss der Vertretungssituation auf die protokollierten Themen ist nicht erkennbar. Die Kunsttherapeutin beschreibt aber für die ersten Stunden ihres Wiederkommens eine Konkurrenz der weiblichen Gruppenteilnehmer ihr gegenüber.

Typisch für diese Gruppe ist, dass bei der Besprechung der vorgelesenen Märchen Themen der Außenwelt einen höheren Stellenwert als in anderen Gruppen erhalten. In der ersten Woche wird das kurze Grimm'sche Märchen »Der goldene Schlüssel« gelesen, in dem am Schluss offen bleibt, welche wunderbare Entdeckung gemacht wird. Das weitere Gespräch dreht sich um Wünsche – einerseits sehr allgemeine Wünsche nach einer besseren Welt ohne Kriege und ohne hungernde Kinder, andererseits sehr persönliche, wie um einen Arbeitsplatz für die Tochter, ein neues Kniegelenk oder ein besseres Hörgerät. Daneben werden gemeinsame Erfahrungen der Teilnehmer über die Kindheit im Krieg und bei der Vertreibung angetippt, die in früheren analytischen Gruppentherapiestunden schon ausführlich besprochen worden waren. Eine Woche später führt das Vorlesen des kurzen Märchens »Der undankbare Sohn« zu Gesprächen über das eigene entbehrungsreiche Leben. Demgegenüber leben die Kinder heute – so die übereinstimmende Sicht der Teilnehmer – im Überfluss. Damit in Verbindung stehende Vorwürfe über fehlende Hilfsbereitschaft werden auch gegen die Klinik vorgebracht. In der dritten Woche wird das Märchen »Jorinde und Joringel« vorgelesen, in dem Jorinde durch die Liebe Joringels von einer bösen alten Hexe erlöst wird. Die Frauen zeigen sich im Gespräche eher unkonzentriert und sagen, dass sie dem Märchen nicht folgen könnten. Das einzige männliche Gruppenmitglied beteiligt sich allerdings sehr aktiv. Wir machen immer wieder die Erfahrung, dass böse Positionen, wie sie in Märchen häufig vorkommen, das Gespräch verstummen lassen.

In der vierten Woche möchte die Gruppe keine Märchen hören, sondern über das tagesklinische Angebot sprechen. Die Teilnehmer tauschen sich dann über die Erfahrungen aus, die sie mit den Reaktionen anderer auf ihre psychische Erkrankung gemacht haben; sie geben einander Tipps, wie man damit umgehen kann – sie unterstützen einander. Es geht also auch in dieser Stunde um die Auseinandersetzung mit der äußeren Realität.

In der ersten *Kunsttherapiesitzung* des Beobachtungszeitraums freitags entstehen durchweg fröhliche Bilder zum Thema »der Frühling kommt bald«. Gleichzeitig drehen sich die Gespräche um Körperbeschwerden, schlechte Medikamente und ›böse jüngere Mitpatienten‹. Als tröstlich wird empfunden, in einer Gruppe Gleichgesinnter zusammen zu sitzen. In der zweiten Woche geht es um die Gestaltung eines »Denkmals«. Während die Patienten an der Gestaltungsaufgabe arbeiten, sprechen sie über ihre körperlichen Beschwerden und klagen, dass ihnen in der Klinik Hilfe verweigert werde. Die Atmosphäre der Gruppe wird im Protokoll mit »Streit liegt in der Luft, aber das Böse ist noch draußen.« beschrieben.

In der dritten Woche wird die Sitzung wieder von der Kunsttherapeutin geleitet. Ein neuer männlicher Patient ist in dieser Gruppe sehr aktiv. Es soll ein »Wunsch-Ort« gestaltet werden. Im Protokoll wird eine Dynamik der beiden aktiv rivalisierenden Männer und der sich gekränkt zurückziehenden Frauen beschrieben, ohne näher auf die Gesprächthemen einzugehen. In der vierten Woche sollen Ostermotive mit Aquarellfarben gemalt werden. Die neue Technik verursacht bei den Teilnehmern anfangs ziemlich Druck, weil sie sich von der Aufgabenstellung überfordert fühlen. Sie führt dann aber zu gegenseitiger Hilfestellung und es entstehen sehr hübsche Osterkarten. Dann tritt der Wunsch auf, in der verbleibenden Zeit das Märchen: »König Drosselbart« zu lesen. Hieraus entwickelt sich ein lebhaftes Gespräch über die Gefahren, obdachlos zu werden.

Zusammenfassend lässt sich sagen, dass die von den Patienten angesprochenen Themen eindeutig mit dem methodischen Vorgehen verbunden sind. Während in der Bewegungstherapie körperliche Beschwerden und Einschränkungen durch das Älterwerden thematisiert werden, geht es in der analytischen Gruppentherapie neben den somatische Beschwerden auch um Beziehungen und Beziehungskonflikte in und außerhalb der Gruppe. In der

»Märchengruppe« werden, angeregt durch die Märcheninhalte, Themen der Welt draußen verbalisiert. In der Kunsttherapie löst sich dagegen das Thema des Gesprächs häufig auch stimmungsmäßig von der vorgegebenen und gestalteten Thematik.

Die Entwicklung der Gruppenmitglieder

Aus Platzgründen ist es nur möglich von den fünf Patienten, die während des gesamten Beobachtungszeitraums an den Gruppensitzungen teilgenommen haben, die individuellen Entwicklungen zu beschreiben. Es handelt sich um vier Frauen und einen Mann (vgl. Abb. 1).

Frau A., 66 Jahre

Diagnosen:	Angst und Depression gemischt i. S. einer Trauma-reaktivierung, Benzodiazepinabhängigkeit (low dose)
Stationäre Behandlung:	10 Wochen
Gruppenteilnahme:	insgesamt 32 mal

Frau A. fehlt während des gesamten Untersuchungszeitraums in der Gruppe nur zweimal. Sie fühlt sich nach der Beschreibung der Therapeuten nicht depressiv sondern aktiv und relativ wohl. Bei ihr steht die Angst im Vordergrund. Dies korrespondiert mit einem niederen Wert in der Beschwerdeliste (Rohwert (R) 7, Stanine (S) 4). Sie zeigt während der ganzen Zeit keine paranoiden Symptome und auch die depressive Symptomatik bleibt im Normbereich. In der zweiten Woche beschäftigt sie sich in drei von vier Sitzungen mit ›bösen‹ Mitpatienten oder der ›schlechten Welt‹. In der dritten Woche fehlt sie zweimal und klagt dann unter anderem über Rückenschmerzen. Das nach außen projizierte Böse wird von ihr zwar noch angesprochen und konkretisiert (»Auf die Männer ist kein Verlass!«), hat dann aber in der vierten Woche keine Bedeutung mehr, in der sie sich eher resigniert fühlt. Alle Gruppenstunden wirken bei ihr positiv auf die Stimmung, soweit sie nicht schon vor der Gruppe in sehr guter Stimmung war. Insgesamt schätzt sie die Wirkung der Gruppen positiv ein, außer in den beiden Sitzungen, in denen sie unter Schmerzen leidet.

Zusammenfassend lässt sich für den Untersuchungszeitraum sagen: Frau A hat offensichtlich in den Gruppen keine Angst und schätzt daher deren Wirkung besonders positiv ein. Während für sie anfangs die Probleme von außen kommen, richtet sie ihre Aufmerksamkeit gegen Ende auf sich selbst.

Frau D., 63 Jahre

Diagnosen: depressive Episode,
                             kognitive Störung bei Zustand nach Schlaganfall,
                             Benzodiazepinabhängigkeit
Stationäre Behandlung: 6 Wochen
Gruppenteilnahme: insgesamt 28 mal

Frau D. nimmt in der ersten Woche ab Donnerstag an der Therapie teil. Es gelingt ihr rasch, sich in die Gruppe zu integrieren. Schon in der darauf folgenden Woche spricht sie offen über ihren Ärger gegenüber ihrem Mann und über ihre körperlichen Beschwerden. Sie fühlt sich dabei von der Gruppe angenommen. Auch in der dritten Woche bringt sie sich lebhaft in die Gruppe ein. Im Vordergrund steht wieder die Enttäuschung über ihren Mann, der sie verlassen hat. Positiv wirken auf sie die Rückmeldungen in der Kunsttherapie, da sie ausgesprochen gut malen kann. In der letzten Woche kommt es dann zu einer Verschlechterung. Sie ist zurückhaltend, stumm, mürrisch und anklagend. Möglicherweise ist dies durch eine neue Enttäuschung bedingt, auf die sie mit Rückzug – wie immer in ihrem Leben – reagiert. Dieser Gruppenverlauf wird auch in der Beschwerdeliste (2. Woche: R 42, S 9; 3. Woche: R 26, S 7; 4. Woche: R 49, S 9)und in der Paranoidskala (2.Woche R 10, S 9; 3. Woche R5, S8; 4. Woche R9, S9) deutlich, während die Depressivitätswerte (R ca. 30, S 9) dauerhaft hoch bleiben. Bei der Wirksamkeitseinschätzung wird jeweils eine leichte Besserung der Stimmung nach jeder Gruppe deutlich, die aber nicht über den Mittelwert hinausgeht. Auffallend ist, dass sie anfangs die Gruppentreffen nur als eingeschränkt positiv und teils belastend einschätzt. Trotz des klinischen Befundes einer Verschlechterung, beurteilt Frau D die Gruppen später als sehr wirksam und nicht belastend. Eine unterschiedliche Wirksamkeit der verschiedenen Gruppenmethoden ist nicht erkennbar.
Zusammenfassend wird deutlich, dass Frau D. offensichtlich in der Klinik eine erneute Enttäuschung erlebt hat, die im Untersuchungszeitraum nicht durchgearbeitet werden konnte.

Herr E., 66 Jahre

Diagnosen: Zustand nach schwerem Suizidversuch,
                               rezidivierende depressive Episoden,
                               multiple Gefäßerkrankungen
Stationäre Behandlung: 6 Wochen
Gruppenteilnahme: insgesamt 34 mal

Herr E. ist während der gesamten Untersuchungszeit in der Gruppe, wird aber schon nach der zweiten Sitzung aus der stationären Behandlung entlassen und nimmt danach ambulant an der Therapie teil. Er ist zeitweise der einzige Mann in der Gruppe. Er ist durchgehend in der Gruppe aktiv und auf seine Mitpatienten ausgerichtet. Immer wieder wird deutlich, dass er körperlich sehr eingeschränkt ist. In der dritten Woche berichtet er, dass er nicht belastbar sei und später, dass er zweimal gestürzt sei. Die körperlichen Beschwerden werden langsam etwas geringer, bleiben aber in der Beschwerdeliste im hochpathologischen Bereich (Anfangs R 58, S 9, am Schluss R 46, S 9). Eine unterschiedliche Wirkung der Gruppenmethoden auf diese Beschwerden ist nicht erkennbar. Tendenziell beschreibt er seine Probleme als weniger gravierend, wenn Frauen die Gruppe leiten, als bei dem analytischen (männlichen) Psychotherapeuten. In der Paranoid-Depressivitäts-Skala ist nur der Paranoidwert anfangs erhöht (R 13, S 9), während die Werte für die Depressivität immer im Normalbereich liegen und im Verlauf noch deutlich absinken. Die Wirksamkeit der einzelnen Gruppentreffen ist für ihn unabhängig von den einzelnen Methoden positiv. Seine Stimmung liegt im Mittelbereich, was der klinischen Beurteilung entspricht. Er schätzt die Wirkung der Gruppe ab der dritten Woche als besonders positiv ein, ohne dass er gleichzeitig eine Verbesserung von Zustand oder Körpergefühl erlebt. Die Teilnahme an der Gruppe lenkt ihn auch von seinen Problemen ab.

Zusammenfassend lässt sich sagen, dass bei Herrn E. klinische Beurteilung und Selbsteinschätzung sehr gut übereinstimmen. Eine methodenspezifische Wirkung der Therapie lässt sich nicht feststellen, die Wirkung der Gruppentherapie wird von ihm insgesamt als positiv eingeschätzt. Dies wird auch darin deutlich, dass der die Gruppe auch von zu Hause täglich aufsucht.

Frau G., 65 Jahre

Diagnosen: depressive Episode mit Angst und Unruhe,
früher Alkoholismus (jetzt abstinent),
körperliche Erkrankungen
Stationäre Behandlung: 11 Wochen
Gruppenteilnahme: insgesamt 41 mal

Frau G. ist bis auf die ersten beiden Stunden in allen Gruppen des Untersuchungszeitraums dabei. Sie ist anfangs sehr zurückgezogen und kommt erst in der zweiten und dritten Woche mit den anderen in Kontakt und wird aktiver. In der letzten Woche geht es ihr wieder schlechter. Sie fühlt sich sehr depressiv und thematisiert in der analytischen Gruppentherapie, dass sie gegen die Depression ankämpfen will. In der dritten Woche leidet sie nicht mehr so stark unter Unruhe und »Herzrasen«. Sie thematisiert, dass ihr Männer nicht wichtig seien, ihre Mutter habe sie beschützt. Als sie sich schlecht fühlt, sucht sie bei den anderen Gruppenmitgliedern und nicht bei den Therapeuten Halt. In der Beschwerdeliste sinken die Werte allmählich ab (R von 48 auf 36, S von 9 auf 8). Paranoide Vorstellungen bestehen bei ihr nicht. Die Depressivität ist während des gesamten Untersuchungszeitraums im niedrigen Bereich (R von 18 auf 14). Frau G. schildert ihre Stimmung durchgehend im mittleren Bereich, die sich nur in zwei Gruppen unabhängig von der Methode etwas bessert. Nur in der ersten und vierten Woche schätzt sie die Gruppenteilnahme als positiv wirksam ein. In der zweiten Woche hebt sie hervor, dass sie in der Gruppe neue Kontakte bekomme. Zwei der drei von ihr besuchten analytischen Gruppen bezeichnet sie als besonders wichtig.

Zusammenfassend kann man sagen, dass Frau G. die Gruppentherapie als wichtig erlebt und sie besonders von der Unterstützung durch die anderen Gruppenmitglieder profitiert.

Frau H., 68 Jahre

Diagnosen: schwere therapieresistente Depression
Stationäre Behandlung: über 78 Wochen
Gruppenteilnahme: über 200 mal

Frau H. ist schon lange in der Klinik und leidet unter einer therapieresistenten Depression. Sie nimmt ganz regelmäßig am Gruppenprogramm teil, ringt sich in den Blitzlichtrunden einige Worte ab (wie die Worte »innere Leere«) und schweigt sonst, was die Therapeuten häufig als aggressiv empfinden. Selbst die Bewegungs- und Kunsttherapeuten kommen bei ihr nicht weiter. In der Beschwerdeliste sind die Werte kontinuierlich hoch (R 39–49, S 9) und auch die Depressivität bleibt im hohen Bereich (R um 29, S 9). Paranoide Antwortmuster fehlen. Trotz der Verweigerung treten bei ihr in den Gruppen manchmal leichte Stimmungsverbesserungen ein. Sie beschreibt die Gruppensitzungen aber auch als belastend (»trifft eher zu«), nimmt trotzdem aber ganz regelmäßig teil. Die Therapeuten stellen zum Teil die Gruppentherapieindikation in Frage.

Insgesamt zeigt die Gruppentherapie bei ihr unabhängig von der Methode keine Wirkung.

Folgerungen und Ausblick für die Praxis

Aus der Beschreibung der viermal pro Woche stattfindenden slow-open-Gruppe für ältere Menschen vorwiegend mit affektiven Störungen über den Zeitraum von vier Wochen ergeben sich folgende allgemeine Folgerungen:

- Gruppentherapien in der vorgestellten Form werden von den meisten älteren Patienten geschätzt. Diese positive Beurteilung ergibt sich auch, wenn die Patienten keine kurzfristigen Effekte feststellen.
- Das hochfrequente Gruppenangebot erleichtert es den älteren Patienten, sich mit der gemeinsamen Gruppenarbeit zu identifizieren und sich gegenseitig zu unterstützen.
- Der regelmäßige Wechsel der Therapeuten ermöglicht die Anwendung unterschiedlicher Gruppentherapiemethoden in ein und derselben Gruppe. Durch diese multimodale Zugangsweise lassen sich Therapiewiderstände reduzieren.
- Die angewandte Methode beeinflusst die Themenauswahl: In der Bewegungstherapie werden Probleme mit dem Körper verbalisiert. In der analytischen Gruppentherapie wenden sich die Patienten ihren Beziehungskonflikten zu. Das Vorlesen der Märchen regt zur Auseinandersetzung mit Themen der Außenwelt an. Nach dem kreativen Gestalten

in der Kunsttherapie kommen Themen zur Sprache, die inhaltlich und gefühlsmäßig weitgehend unabhängig von der Themenstellung der Gestaltungsaufgaben sind.
- Der Einsatz der verschiedenen Berufsgruppen stellt eine günstige Form der Ressourcennutzung dar und ermöglicht, dass in einer Klinik langfristig differenzierte Gruppentherapieprogramme hochfrequent angeboten werden können.

Das geschilderte stationsübergreifende Gruppenprogramm hat eine regelmäßige Dokumentation zur Voraussetzung. Bewährt hat sich dabei die Form der patientenbezogenen Wochenberichte, die den Stationsärzten einen Überblick über die geleistete gruppentherapeutische Arbeit bieten.

Literatur

Bechtler H (2000) Gruppenpsychotherapie mit älteren Menschen. München Basel (Reinhardt).

Groß M, Kipp J, Dixon N (1997) Erfahrungen mit einer intensiven Gruppenarbeit für Altersdepressive. In: Radebold H et al (Hg) Depressionen im Alter. Darmstadt (Steinkopff) 166–167.

Kipp J (1995) Stationäre Gruppenarbeit mit depressiven Menschen im Alter. In: Jovic NE, Uchtenhagen A (Hg) Psychotherapie und Altern. Zürich (Fachverlag) 249–260.

Kipp J, Groß M (2004) Tägliche Gruppentherapien für ältere Patienten in einer Klinik für Psychiatrie und Psychotherapie. Gruppenpsychother. Gruppendynamik 40:148–163.

Kipp J, Herda C, Schwarz H J (2000) Wirkfaktoren der Ergotherapie – Ergebnisse einer Pilotstudie. Ergotherapie & Rehabilitation 6:17–21.

v. Zerssen D (1976a) Paranoid-Depressivitäts-Skala. Weinheim (Beltz).

v. Zerssen D (1976b) Die Beschwerden-Liste. Weinheim (Beltz).

Korrespondenzadresse

Dr. Johannes Kipp
Ludwig-Noll-Krankenhaus
Dennhäuserstraße 156
34134 Kassel
Email: johanneskipp@t-online.de

Professionell unterstützte Selbsthilfegruppe – Erfahrungen aus einem gemeindepsychiatrischen Projekt mit psychiatrieerfahrenen Älteren

Ulrich Wichmann-Jentzen

Zusammenfassung

Über die »professionell unterstützte Selbsthilfegruppe« psychiatrieerfahrener älterer Menschen, von der im Folgenden die Rede sein soll, ist bei Kipp und Jüngling (2000, S. 147 ff.) schon einmal berichtet worden. Die Autoren würdigen die Arbeit der Gruppe aus der Sicht der zuständigen psychiatrischen Pflichtversorgungsklinik, deren Mitarbeiter registrieren, dass eine Reihe ihrer älteren »Drehtürpatienten« seltener, einige gar nicht mehr zur Aufnahme kommen. Ihre Beschreibung des Gruppenalltags stellt die Gruppenleistung und ihren Beitrag zur Lebensqualität der Mitglieder in den Vordergrund. Im Folgenden soll die Entwicklungsgeschichte des Projektes betrachtet werden – und zwar mit dem Ziel, etwas über die Bedingungen des Gelingens und Scheiterns einer solchen Gruppe in Erfahrung zu bringen. Die Perspektive ist die eines langjährigen »professionellen Unterstützers« der Gruppenselbsthilfe.

Stichworte: Selbsthilfegruppe, ältere Menschen, Psychodynamik

Abstract: A Professionally Supported Self Help Group – Experiences of a Project with Psychiatrically Experienced Elderly People

Some years ago Kipp and Jüngling (2000, p. 147ff.) have already written about a »professionally supported self help group« of elderly persons with psychic disorders. From the perspective of the psychiatric clinic the authors valued the group's efforts to master their every day life, which showed a significant decrease in frequency and duration of some group members' hospitalisation.

The following article reports on the group's further development and attempts to analyse the both conditions of success and failure. The intimate knowledge about the group and their members is derived from the author's long experience in offering professional support to the group.

Key words: self help group, elderly people, psychodynamics

»Die Nollis« bestehen seit 1984. Es gibt sie auch heute noch. Allerdings war das Selbsthilfekonzept seit dem Sommer 1997 nicht mehr durchzuhalten. Die Gruppe wird seither als offenes Angebot der Psychosozialen Kontakt- und Beratungsstelle des Ludwig-Noll-Vereins für psychosoziale Hilfe e. V. in der Regie hauptamtlicher Betreuungskräfte weitergeführt.

Die Anfangsidee

Die Selbsthilfegruppe, von der hier die Rede sein soll, entstand 1984 auf Initiative des leitenden Arztes eines kleinen Psychiatrischen Krankenhauses, das kurz zuvor die Pflichtversorgungsaufgabe für einen städtischen Versorgungssektor mit etwa 100 000 Einwohnern übernommen hatte. Aus der Sicht der Klinik war das Ziel des Projektes eine verbesserte Rezidivprophylaxe für zwei Patientengruppen mit relativ hohen Wiederaufnahmeraten: Einerseits die alt werdenden, allein lebenden Patienten mit chronischen endogenen Psychosen und andererseits depressiv Erkrankte, denen es aus eigener Kraft nicht gelang, ihr Leben nach der Berentung, dem Verlust des Lebenspartners, der Verselbständigung der Kinder o. ä. wieder mit sinnstiftendem Inhalt zu füllen. Für sie sollte ein Gruppenangebot etabliert werden, das den Teilnehmern erleichtert, Sozialkontakte in ausreichendem Umfang aufrechtzuerhalten, die Alltagszeit anhand regelmäßiger Termine zu strukturieren und Aktivitäten zu entfalten, die als sinn- und lustvoll erlebt werden können. Mit dem Selbsthilfegedanken verband sich die Absicht, weniger die regressiven Wünsche der Betroffenen nach Betreuung und Versorgung anzusprechen als vielmehr Eigeninitiative und Selbstfürsorge anzuregen.

Die Selbsthilfegruppe

Die Gruppe selbst fand sich unter der Zielsetzung zusammen, gemeinsam etwas gegen Einsamkeit und Langeweile zu tun. Außerdem wurde verabredet, dass jeder, der wegbleibt ohne abzusagen, in den folgenden Tagen angerufen werden sollte. Auf diese Weise können Krisen, wenn sie mit sozialem Rückzug einhergehen, frühzeitig erkannt und seitens der Gruppe Hilfen mobilisiert werden.

Über die Jahre hinweg lässt die Gruppe sich nach einigermaßen konstanten Merkmalen beschreiben. Ihre Mitglieder sind zwischen Mitte vierzig und über achtzig Jahre alt. Ein Teil leidet an chronischen schizophrenen oder affektiven Psychosen, seltener auch an Persönlichkeitsstörungen; andere sind nach depressiv verarbeiteten Lebenskrisen von der Chronifizierung ihrer Erkrankung bedroht. Mehr als die Hälfte sind Frauen. Die Gruppengröße schwankt zwischen 15 und 25 Teilnehmern, um diese Kerngruppe herum gruppieren sich weitere Personen, die nur unregelmäßig kommen.

In den zwanzig Jahren ihres Bestehens verzeichnet die Gruppe knapp vierzig Sterbefälle. Andere Gründe für Mitgliederfluktuation sind Wegzüge, Aufnahme in ein Altenheim, eine Tagespflegestätte oder eine andere Einrichtung mit Tagesbetreuungsangebot. Dass jemand sich nach einer Kränkungserfahrung aus der Gruppe zurückzieht, kommt in den ersten zwei Jahren der Zugehörigkeit häufiger, bei langjährigen Mitgliedern nur sehr selten vor. Andererseits ist der Personenkreis, dem die Gruppe empfohlen wird, der Gleiche geblieben.

Anfangs traf die Gruppe sich wöchentlich im Hinterzimmer einer kostengünstigen Gaststätte. Man verzehrte gemeinsam Kaffee und Kuchen und unterhielt sich, spielte Karten oder Brettspiele, plante Geburtstagsfeiern oder andere Aktivitäten. Im Frühjahr 1986 stellte die Stadtverwaltung der Gruppe einen eigenen Raum in einem ehemaligen Schulgebäude zur Verfügung, das inzwischen als Stadtteilzentrum für Senioren genutzt wird. Hier traf sich die Gruppe dreimal wöchentlich, und wer wollte, verabredete sich auch an den übrigen Tagen. Der Trägerverein ließ eine Küchenzeile einbauen, eine Kochgruppe wurde etabliert. Das gemeinsame Mittagessen, ursprünglich als Anfangspunkt der nachmittäglichen Sitzungen gedacht, wurde allmählich zum Mittelpunkt des Gruppenlebens und ist es bis heute geblieben.

Die Aufgabenstellung der »professionellen Unterstützung«

Nach Linnemann und Rohlfs (1991) ist die Psychodynamik der so genannten endogenen Psychosen in hohem Maße geprägt durch die Ambivalenz zwischen den Extrempolen der Verschmelzung mit und der absoluten Autarkie gegenüber »den anderen«, die im alltäglichen Leben die »Objekte« im Sinne der psychoanalytischen Objekttheorie verkörpern. Zu große affektive Nähe birgt für die Betroffenen die Gefahr in sich, die Ich-Grenzen zu verlieren, zu große Distanz bedroht sie mit dem Erleben des echolosen Verloren-Seins, in welchem die Ich-Grenzen sich gleichfalls auflösen. Daraus resultiert ein elementares Vertrauensproblem: Man braucht »gute«, von allem Bösen freie Objekte, um Nähe einigermaßen angstfrei zulassen zu können. Da es diese idealen Objekte nicht gibt, sind die wirklichen Beziehungen stets fragil und schwierig – jederzeit vom Abbruch bedroht, wenn »böse Anteile« des anderen sichtbar werden.

Die Nähe-Distanz-Problematik psychosekranker Menschen ließ es von vornherein unwahrscheinlich erscheinen, dass sie allein eine Selbsthilfegruppe bilden und am Leben erhalten könnten. Deshalb wurden schon in den Entstehungsprozess der Gruppe »professionelle Unterstützer« einbezogen, die den Prozess strukturieren, Überforderungen verhindern und das Beziehungsgefüge stabilisieren sollten. Eine ältere Sozialarbeiterin sowie eine Krankenschwester, die nach der Berentung ehrenamtlich tätig sein wollte, wurden mit den ersten Schritten beauftragt. Sie besorgten einen Raum außerhalb der Klinik, legten die Zeit fest, luden gezielt ehemalige Patienten zu den Treffen ein, boten einen Fahrdienst an, um die Interessenten zusammenzubringen und brachten die innere Strukturbildung zur Selbsthilfegruppe auf den Weg. Ergänzt durch eine Praktikantin, bildeten sie das anfängliche Unterstützer-Team. Wenig später stieß ein ABM-Psychologe hinzu, der zusätzlich die Aufgaben der Einzelberatung bzw. Einzelbetreuung und der ambulanten Krisenhilfe für die Gruppenmitglieder übernahm. Die Geschichte der Gruppe wird hier im Wesentlichen unter dem Gesichtspunkt der Beziehungen zwischen Gruppenmitgliedern und professionellen Helfern nachgezeichnet.

Der Mythos von der »guten Familie«

Die Gruppe heißt »die Nollis« – das klingt ein wenig nach einem Anhängsel von etwas. Tatsächlich war das entscheidende Argument in der namensgebenden Versammlung, dass die Gruppe ein »Kind des Ludwig-Noll-Krankenhauses« sei. Die Namensgebung deutet die Entstehung der Gruppe in eine Geburtsphantasie um. Die Rolle des Erzeugers und pater familiae kam darin dem Leitenden Arzt des Krankenhauses zu. Wie alle wussten, hatte er den Anstoß zur Gruppenbildung gegeben.

Wie es sich für einen idealisierungsfähigen Vater gehört, war der Leitende Arzt nie da, weil er ständig arbeiten musste. Aber die Gruppe war sich seines Schutzes und seiner Fürsorge gewiss. Die Funktion der Mutter ging in der weiteren Entwicklung von der Klinik auf die Gruppe selbst über, deren Kinder nun die einzelnen Mitglieder waren. Der Satz »Wir brauchen die Gruppe wie unser tägliches Brot« – Ende der achtziger Jahre einer Reporterin der Lokalzeitung in die Feder diktiert – wird bis heute von den langjährigen Gruppenmitgliedern als Beschwörungsformel des Zusammenhalts verwendet, wenn es zu allzu argen Konflikten kommt.

Die Bedeutung des Mythos von der guten Familie für den Gruppenzusammenhalt ist gar nicht hoch genug einzuschätzen. Mehr noch als die sicherlich beruhigende Präsenz und Ansprechbarkeit von hauptamtlichen Mitarbeitern vermittelt er eine Geborgenheit, die – gerade weil sie imaginär ist – durch die Widrigkeiten des realen Gruppenalltags nicht erschüttert werden kann. Tatsächlich kommt es auf den Gruppentreffen recht häufig zu Auseinandersetzungen. Die hohe Kontaktfrequenz erzeugt eine Nähe der Beziehungen, die gleichzeitig gewollt ist und immer wieder abgewehrt werden muss. Da ihnen die Zugehörigkeit wichtig ist, gelingt es aber meistens den zerstrittenen Mitgliedern, zusammen in der Gruppe zu bleiben oder nach einem zeitweiligen Verlassen der Gruppe wieder zurückzukehren. Dass Konflikte nicht zwangsläufig zerstörerisch wirken, ist eine der wertvollsten Erfahrungen, die man bei den Nollis machen kann.

Vor allem diejenigen, die sich zum Gruppenkern rechnen, profitieren von der Stabilität und Belastbarkeit des Beziehungsnetzes. Stationäre psychiatrische Behandlungen werden bei ihnen deutlich seltener notwendig. Zum Auslöser einer akuten Krise wird die Gruppensituation gelegentlich dann, wenn ein Konflikt zwischen Mitgliedern nur durch Kontaktabbruch lösbar erscheint.

Die Zugangsschwelle zur Gruppe ist allerdings recht hoch. Viele Neuankömmlinge werden durch die Intensität des Gruppenlebens überfordert oder abgeschreckt. Etwa die Hälfte der neuen Interessenten bleibt nach einigen Besuchen oder nach den ersten Konflikten wieder weg. Aufgrund dieser Erfahrung haben wir 1986 ein Alternativangebot etabliert – einen wöchentlichen offenen Kaffeenachmittag unter hauptamtlicher Leitung. Dort bleiben die Beziehungen unverbindlicher und weniger eng – und für viele auch weniger riskant.

Die institutionelle Machtverteilung zwischen Gruppe und Unterstützern

In der Übertragungsphantasie von der »guten Familie« kommt den hauptamtlichen Mitarbeitern die Funktion des Kindermädchens zu. Es schützt die »Kinder« vor Überforderung, stellt zumindest anleitend die Ernährung sicher und sorgt für Ordnung, wenn Streit ausbricht. Die väterliche Anforderung, Selbsthilfe zu betreiben, also Autonomie zu versuchen, verliert dadurch etwas von ihrer Bedrohlichkeit. Das Kindermädchen braucht freilich eine gewisse Autorität, um seiner Aufgabe gerecht werden zu können. Die Selbstbestimmung der Gruppe wird durch die professionelle Unterstützung relativiert und eingeschränkt.

Um die Machtverteilung zwischen Gruppe und Mitarbeitern zu klären, forderte der Vereinsvorstand die Gruppe gleich zu Anfang auf, ein dreiköpfiges Leitungsgremium zu wählen, dem auch das Hausrecht im Gruppenraum und die Etatverantwortung übertragen wurden. Den Hauptamtlichen wurde der institutionelle Status von »sachverständigen und hilfsbereiten Gästen« zugewiesen. Das bedeutet, es gab weder eine Weisungsbefugnis der Unterstützer gegenüber der Gruppe, ihrem Leitungsgremium oder einzelnen Mitgliedern noch eine Weisungsbefugnis des ehrenamtlichen Leitungsgremiums gegenüber den Hauptamtlichen – außer dass auch die hauptamtlichen Mitarbeiter die Etat-Hoheit und das Hausrecht der Gruppenleitung zu respektieren hatten. Gruppe und Mitarbeiter mussten sich also einigen. Wenn das nicht gelang, war der Vereinsvorsitzende die Instanz, die Verbindlichkeit schaffen konnte.

Vermutlich ist diese Lösung des Machtproblems die eigentliche Besonderheit des Projektes. Hausrecht und Etat-Hoheit sicherten der Gruppe die

Möglichkeit, ihre Bedürfnisse notfalls gegen die Hauptamtlichen durchzusetzen. Dadurch konnte sie ein starkes Selbstbewusstsein entwickeln. Wollten die Unterstützer eigene Positionen durchsetzen, waren sie auf die Überzeugungskraft ihrer Argumente und ihre persönliche Vertrauenswürdigkeit angewiesen. Sie mussten das Kooperationsbündnis, das die Gruppe und die Einzelnen mit ihnen eingingen, achtsamer pflegen, als es in üblichen institutionellen Settings erforderlich ist. Und von Fall zu Fall mussten sie akzeptieren, dass sie nur in den Grenzen des Bündnisses wirksam arbeiten konnten.

Rückblickend kann ich sagen, dass diese Konstruktion funktioniert hat und auch tragfähig war, solange zwei Bedingungen erfüllt waren:

– Es muss Gruppenmitglieder geben, die sich in das Leitungsgremium wählen lassen und dort auch Verantwortung übernehmen – einschließlich der Bereitschaft, sich der Kritik der Anderen und der Mitarbeiter auszusetzen.
– Die Hauptamtlichen müssen die Unterstützung und psychische Stabilisierung des Leitungsgremiums und seiner Mitglieder sowie der weiteren tragenden Mitglieder der Gruppe als jederzeit wichtige Aufgabe begreifen.

Tatsächlich scheiterte der Selbsthilfeansatz der Gruppe – immerhin erst nach gut dreizehn Jahren – daran, dass die Aufmerksamkeit der Mitarbeiter sich von der Stabilisierung der tragenden Gruppenmitglieder weg und hin zum Schutz der schwachen, unangepassteren, schwerer erträglichen und immer wieder vom Ausschluss bedrohten Mitglieder verschob, ohne dass die Veränderung zulänglich reflektiert worden wäre. Von den Unterstützern alleingelassen und insgeheim mit der zusätzlichen Anforderung belastet, den Hauptamtlichen bei der Integration schwer gestörter Menschen in die Gruppe behilflich zu sein, stellte sich das letzte Leitungsgremium im Sommer 1997 nicht zur Wiederwahl, und es fand sich niemand bereit, die Nachfolge anzutreten. Um die Gruppe nicht sterben zu lassen, übernahmen die Mitarbeiter »vorläufig und befristet« die Aufgaben und Befugnisse des Leitungsgremiums. Einmal vollzogen, ließ dieser Schritt sich nicht mehr rückgängig machen.

Die Veränderung des institutionellen Rahmens als Ausgangspunkt des Scheiterns

Der Keim des Scheiterns wurde allerdings schon sehr viel früher gesät. Die Veränderung des institutionellen Rahmens spielte dabei eine wichtige Rolle. Für das provisorisch finanzierte Unterstützer-Team der ersten zwei Jahre waren das Wohlergehen der Gruppe und ihrer Mitglieder sowie die Integration neuer Interessenten die ausschließliche Legitimationsgrundlage der Arbeit. Anfang 1986 gelang es, eine Regelfinanzierung als Psychosoziale Kontakt- und Beratungsstelle (PSKB) zu erreichen. Ein halbes Jahr später kam das Betreute Wohnen und Anfang der 90er Jahre eine Tagesstätte hinzu. Die Kontakt- und Beratungsstelle wurde zum Bestandteil eines Psychosozialen Zentrums mit differenziertem Leistungsangebot und regionalem Versorgungsauftrag.

Schon die Anerkennung als PSKB bedeutete eine Neudefinition und Erweiterung der institutionellen Aufgabenstellung: Eine Psychosoziale Kontakt- und Beratungsstelle soll durch Beratungsangebote, Angehörigenarbeit und offene Gruppenangebote im Freizeitbereich die ambulante Versorgung der psychisch kranken Einwohner ihres Einzugsgebietes verbessern. Sie soll ihre Angebote möglichst niederschwellig gestalten, so dass sie auch Betroffene zu erreichen vermag, die zum Beispiel mangels Krankheitseinsicht nicht in der Lage sind, institutionelle Hilfen gewinnbringend in Anspruch zu nehmen. Die Beschränkung auf die ältere Klientel musste aufgegeben, das Dienstleistungsangebot erweitert und differenziert werden. Die Unterstützung der Selbsthilfegruppe war jetzt eine Aufgabe unter mehreren, und sie war eingebettet in eine allgemeinere institutionelle Zielsetzung, die den Fokus der Aufmerksamkeit auf die psychisch Kranken mit gravierenderen Schwierigkeiten hinsichtlich Alltagsbewältigung und sozialer Anpassung verschob. Von nun an unterlag die unterstützende Institution der Verführung, die Selbsthilfegruppe für ihren Versorgungsauftrag zu instrumentalisieren – und zwar umso mehr, als der Personalaufwand für die Gruppenunterstützung auch langfristig höher blieb als erwartet. Nur eine bewusste und achtsame Gegensteuerung hätte die Gruppe vor der Vereinnahmung schützen können. Dass hier ein Problem entstehen könnte, blieb freilich unbemerkt. Zu groß war die Freude, dass die Arbeit überhaupt fortgesetzt werden konnte.

Die Kochgruppe und ihr Einfluss auf die Gruppendynamik

Die erste Konsequenz der solideren Finanzierung war die Einführung der Kochgruppe. Dass die »professionelle Unterstützung« nun auf festeren Füßen stand, ließ die Investition einer Einbauküche lohnend erscheinen. Damals gehörten mehrere erfahrene und kompetente Hausfrauen mit depressiven Erkrankungen zur Gruppe. Sie griffen die Idee des gemeinsamen Kochens für alle – als Teil der idealisierten Familienphantasie – begeistert auf. Das Leitungsgremium überzeugte den Vereinsvorstand, die Mittel für den Einbau der Küche zur Verfügung zu stellen, die Hauptamtlichen übernahmen die Umbau-Organisation und halfen bei der Ausstattung der Küchenzeile. Eine Mitarbeiterin wurde für die Anleitung der Kochgruppe zuständig. Diese setzte sich aus Freiwilligen zusammen, die jeweils zu viert in wechselnder Besetzung für ein Mittagessen sorgten. Alle rechneten seinerzeit fest damit, dass die Kochgruppe ohne hauptamtliche Beteiligung weiterarbeiten werde, sobald sie ihre Funktionsregeln gefunden und eine Arbeitsroutine entwickelt hätte. Die Emanzipation von hauptamtlicher Anleitung kam aber nie zustande. Vor allem erwies sich die Vorstellung, für ein misslungenes Essen verantwortlich zu sein, als allzu beängstigend. Zumindest als Sündenbock für diesen Fall blieb die hauptamtliche Anleiterin unverzichtbar.

Gravierende Folgen hatte auch die Tatsache, dass mit der Kochgruppe eine recht hohe, routinemäßige Leistungsanforderung in das Gruppenleben implementiert wurde. An dieser wurden die Unterschiede zwischen den Gruppenmitgliedern hinsichtlich ihrer Leistungsfähigkeit und -bereitschaft sinnfällig. Es gab nunmehr die Möglichkeit, auch außerhalb des Leitungsgremiums ein »verdientes Gruppenmitglied« zu werden, das durch seine Leistung im Dienst der Gemeinschaft legitimiert ist, besondere Wertschätzung für sich zu beanspruchen. Automatisch wurden die, die »bloß zum Essen kamen« – also von der Arbeit der Kochgruppe profitierten und höchstens einmal beim Tischdecken mit anfassten – in der informellen Hierarchie nach unten sortiert. Zudem zog das attraktive Essensangebot vermehrt Interessenten an, die Schwierigkeiten mit der alltäglichen Selbstversorgung haben. Obwohl es aus der Kerngruppe Abwehrversuche gab, dachten die hauptamtlichen Unterstützer nicht daran, eine Schließung der Gruppe ausgerechnet für die chronisch Kranken mit den gravierendsten Alltagsproblemen mitzutragen; schließlich waren gerade sie die hauptsächliche Zielgruppe der Psychosozialen Kontakt- und Beratungsstelle. Was als Selbsthilfeinitiative zur Stärkung der »familiären« Gruppenkultur und Gemütlichkeit begonnen hatte, geriet unter der Hand zum Versorgungsunternehmen für Bedürftige. Ein solches passte in der Tat mehr zu den veränderten Ansprüchen der Professionellen als zu den Bedürfnissen der Selbsthilfegruppe und war letztlich mit dem Selbsthilfeansatz nicht zu vereinbaren.

Vereinfacht gesagt, führte die Einführung der Kochgruppe zu einer chronischen Spaltung der Gruppe, nachdem es bis dahin Spaltungen mit wechselnden Frontverläufen gegeben hatte. Auf der einen Seite standen die spät erkrankten Depressiven mit erhaltener Kompetenz und Leistungsbereitschaft sowie einem lebensgeschichtlich verwurzelten Gefühl für Gemütlichkeit und Esskultur, auf der anderen vor allem die langjährig schizophren Erkrankten mit ihren Antriebsstörungen, Verhaltensauffälligkeiten, der mangelnden Alltagskompetenz und der Gleichgültigkeit gegenüber ästhetischen und Benehmensfragen. Die professionellen Unterstützer wurden zunehmend durch die Aufgabe in Anspruch genommen, die Leistungsschwachen und Verhaltensauffälligen vor der Ausgrenzung zu schützen. Das Schutzbedürfnis der »Starken«, die aufgrund ihrer Verdienste die Legitimation beanspruchten, ihre Normen als Gruppennormen durchzusetzen, trat in den Hintergrund der Aufmerksamkeit. Sie waren nunmehr eher als Helfer der Mitarbeiter gefordert. Da der Wunsch, ein störendes, unbeliebtes Mitglied auszuschließen, stets auch Schuldgefühle wachrief, nutzte die Gruppe ihre Machtmöglichkeiten in diesem Punkt nicht, sondern blieb von der Zustimmung der Mitarbeiter abhängig.

Gruppenspaltung und Spaltung des Unterstützer-Teams

Wenn diese Entwicklung sich schon 1986 anbahnte, warum scheiterte der Selbsthilfeansatz erst 1997? Sobald es die feste Finanzierung gab und weiteres Personal für den Aufbau anderer Projekte eingestellt wurde, kam es zu einer Aufgabenteilung unter den Hauptamtlichen. Der Psychologe wurde zunächst mit der Leitung der Kontakt- und Beratungsstelle und später des Psychosozialen Zentrums beauftragt. Er kam nur noch einmal wöchentlich in die Gruppe, zog sich aus der Begleitung des Gruppenalltags zurück und konzentrierte sich stattdessen auf die Zusammenarbeit mit dem Leitungsgremien. Die Kochgruppenanleitung und die Alltagsbegleitung der Gruppe oblagen nun den Mitarbeiterinnen.

Die hierarchische Struktur des Betreuerteams wurde dadurch alltagswirksam. Der Leiter wurde vom Gruppenunterstützer zur Beschwerdeinstanz; Leitungsgremium und Gruppenmitglieder konnten versuchen, durch ihn Einfluss auf die Mitarbeiterinnen zu gewinnen. Die verfestigte Spaltung der Gruppe wiederholte sich nun im Unterstützer-Team als verfestigte Spaltung zwischen dem Leiter, der eher mit der Gruppenleitung identifiziert war und dem »Fußvolk« im Team, das eher mit dem »Fußvolk« in der Gruppe identifiziert war. Solange die Hauptamtlichen die chronische Spaltung des Teams ertrugen und – auch stellvertretend für die Gruppe – in Teambesprechungen und Supervisionen immer wieder bearbeiteten, war sie als Instrument der Gruppenbetreuung nutzbar. Die professionelle Unterstützung blieb funktionsfähig, der faktische Machtzuwachs der Unterstützer konnte reflektiert und begrenzt werden. Mitte der 90er Jahre aber schied der Leiter anlässlich eines größeren Institutionskonfliktes aus der Team-Supervision aus. An den Besprechungen des Unterstützer-Teams, das inzwischen zu einem von mehreren Abteilungsteams des Psychosozialen Zentrums geworden war, nahm er nur noch vierzehntägig teil. Etwa zwei Jahre später zog er sich – (mit stichhaltiger sachlicher Begründung, versteht sich) ganz aus der Gruppenunterstützung zurück. Er bemerkte erst später, dass er wohl nicht mehr bereit gewesen war, dem Druck der Teamspaltung standzuhalten. Sechs Monate danach kam es zum beschriebenen Ende des Leitungsgremiums und damit der tragenden Struktur des Selbsthilfekonzepts.

Ausblick

Zusammenfassend kann ich sagen: Der Arbeitsinhalt der Selbsthilfegruppe bestand in dem Bemühen, einen Halt gebenden und identitätsstiftenden sozialen Zusammenhang für die Mitglieder aufrechtzuerhalten und mit professioneller Unterstützung zu gestalten. Eine solche Selbsthilfegruppe mit der Beteiligung von Menschen, die an einer chronischen endogenen Psychose leiden, kommt wahrscheinlich nur mit professioneller Unterstützung zustande und bleibt auch langfristig auf sie angewiesen. Die Arbeit der Hauptamtlichen schränkt die Selbstbestimmung der Gruppe zwangsläufig ein, kann aber die verbleibende Autonomie fördern und unterstützen,
– wenn sie die Stabilisierung und Entlastung der tragenden Gruppenmitglieder als jederzeit wichtige Aufgabe wahrnimmt,

– und wenn es gelingt, die Selbsthilfegruppe nicht für den professionellen Arbeitsauftrag zu funktionalisieren.

Die Leistungsanforderungen, denen sich die Gruppe routinemäßig aussetzt, dürfen nach unserer Erfahrung auch die schwer beeinträchtigten Mitglieder nicht überfordern. Sonst fallen sie entweder aus der Gruppe heraus, oder es chronifiziert sich eine Spaltungsszenerie zwischen den leistungsstärkeren und den leistungsschwachen Gruppenmitgliedern. Mit der Aufgabe, die Gruppe in dieser Spaltung zusammenzuhalten, ist eine Gruppenleitung aus dem Kreis der Betroffenen überfordert. Dadurch scheiterte in unserem Fall nicht die Gruppe, aber die Selbsthilfe.

Literatur

Kipp J, Jüngling G (2000) Einführung in die praktische Gerontopsychiatrie. 3. Aufl. München (Reinhardt).

Linnemann F, Rohlfs T (1991) Psychoanalytische Zugangswege zur Psychosen-psychotherapie in der psychiatrischen Praxis. Fragmente – Schriftenreihe zur Psychoanalyse, Band 37, Kassel (Jenior und Pressler) S. 81–94.

Korrespondenzadresse

Ulrich Wichmann-Jentzen
Ludwig-Noll-Verein für psychosoziale Hilfe e. V.
Frankfurter Straße 92
34121 Kassel
E-Mail: ludwignollverein@t-online.de

Depression im Alter. Katamnese einer Gruppentherapie im tagesklinischen Rahmen

Carmen Morawetz, Henning Wormstall und Patrick Goetze

Zusammenfassung

Depressive Störungen gehören neben Demenzen zu den häufigsten psychischen Erkrankungen im höheren Lebensalter. Sie gehen in der Regel mit einem Verlust an Antrieb, Interesselosigkeit und Energiemangel einher. Auf der kognitiven Ebene finden sich zahlreiche negative und ungünstige Gedankenmuster. Beide Symptombereiche bilden Ansatzpunkte für die kognitiv-verhaltenstherapeutische Depressionsgruppe der gerontopsychiatrischen Tagesklinik Tübingen. In unterschiedlichen Studien konnte die Wirksamkeit kognitiv-verhaltenstherapeutischer Interventionen bei depressiven Zuständen im Alter gezeigt werden (Gloaguen et al. 1998), die entweder als Einzel- oder Gruppenbehandlung im ambulanten oder stationären Rahmen durchgeführt wurden. Ergebnisse zur tagesklinischen Depressionsbehandlung in Gruppen liegen bisher kaum vor (Morawetz et al. 1999).

Stichworte: Depression im Alter, kognitiv-verhaltenstherapeutische Gruppentherapie, Tagesklinik

Abstract: Depression in the Elderly – Catamnestic Study of a Group Therapy in a Day Hospital

Besides dementia, depressive disorders are among the most frequent psychiatric diseases of elderly people. Depressive disorders are often accompanied by a loss of interest and energy. On the cognitive level numerous negative nonproductive thought patterns can be found. Both types of symptoms are starting points for a group of elderly patients treated with cognitive behaviour therapy at the psychogeriatric day hospital of the University of Tübingen.

Different studies could show the effect of intervention with cognitive behaviour therapy for elderly patients in depressed states (Gloaguen et al.

1998). Those patients were treated either individually or in groups and either stationary or ambulant. Yet, results of the treatment of elderly patients in groups in a day clinic environment are rare (Morawetz et al. 1999).

Key-words: depression in the elderly, cognitive-behavioural group-therapy, day-hospital

Einleitung

Für depressive Syndrome im höheren Lebensalter einschließlich leichter Störungsmuster werden Prävalenzraten von 5 bis 20% angegeben, die Angaben für schwere depressive Erkrankungen fallen mit 2,5 bis 7% entsprechend niedriger aus (Bagulho 2002). Grundsätzlich kann die psychotherapeutische Behandlung depressiver älterer Menschen in Abhängigkeit von der Schwere der Erkrankung im ambulanten, stationären oder teilstationären Setting erfolgen. Nach Zusammenstellungen von Fuchs & Zimmer (1992), Scogin & McElrath (1994), Gallagher & Thompson (1994) und Gloaguen et al. (1998) gibt es mittlerweile eine Reihe kognitiv-behavioraler Therapiestudien mit depressiv erkrankten Älteren. Ergebnisse zur tagesklinischen Depressionsbehandlung in Gruppen liegen demgegenüber bislang kaum vor. Dabei sprechen zahlreiche Argumente für eine tagesklinische Behandlung, Patienten müssen sich nicht völlig von ihrem häuslichen Umfeld trennen, Familien können von Beginn der Behandlung an einbezogen werden und die Tagesstruktur der Tagesklinik entspricht einem normalen Arbeitstag.

Ziele und Fragestellungen der Untersuchung

In der Studie wird eine kognitiv-verhaltenstherapeutische Gruppentherapie im tagesklinischen Setting mit depressiven älteren psychiatrischen Patienten zum einen auf ihre Wirksamkeit hin überprüft. Zum anderen soll untersucht werden, ob sich zwischen den beiden Therapiebausteinen der Gruppe (Aktivierungs- versus Kognitionsteil) Erfolgsunterschiede zeigen. Zudem soll der Frage nachgegangen werden, welche Patienten möglicherweise in besonderem Maße von der Teilnahme an dem Gruppenangebot profitieren. Oder anders formuliert, finden sich möglicherweise Prädiktoren für einen Therapieerfolg?

Folgende Hypothesen wurden formuliert:

Ziel 1: Evaluation
Es wird angenommen, dass die Patienten nach der Therapie weniger depressiv sind und sich die Abnahme der Depressionsschwere auch zum Katamnesezeitpunkt (Nachuntersuchungszeitpunkt) zeigt. Die Besserung der depressiven Symptomatik wird dann als klinisch bedeutsam angesehen, wenn eine Reduktion der Testwerte um mindestens 50%erreicht wird. Zudem sollten die Patienten eine Zunahme an Lebenszufriedenheit, Offenheit bzw. Neugier zeigen.

Ziel 2: Erfolgsunterschiede zwischen den Therapievarianten
Es wird angenommen, dass die Abnahme der Depressivität bei den Patienten der Aktivierungsgruppe größer ist. Diese Patienten zeigen am Ende der Gruppe eine höhere Lebenszufriedenheit und mehr Offenheit und Neugier.

Ziel 3: Prädiktoren
Bei anfangs schwer depressiven Patienten zeigt sich eine größere Verbesserung der depressiven Symptomatik als bei anfänglich weniger depressiven Teilnehmern. Unabhängig von der Schwere der Erkrankung profitieren Patienten mit
– höheren Neugierwerten,
– einem psychosozial offenen Krankheitsmodell,
– einer höheren Bereitschaft zur Mitarbeit und
– einem prämorbid (also vor der Krankheit bestehenden) höheren intellektuellen Leistungsvermögen
mehr von der Therapie. Zudem erreichen jüngere Patienten ein besseres Therapieergebnis als ältere.

Methode

Die Patienten nahmen entweder an einer vierwöchigen verhaltensorientierten oder einer kognitiv-orientierten Gruppe teil. Jede Gruppe umfasste 12 Sitzungen zu je 45 Minuten. Die Gruppe fand dreimal wöchentlich statt. Die Zuweisung der Patienten erfolgte quasi-experimentell je nach Aufnahmezeitpunkt in die Tagesklinik (»Blockdesign«).

Das im ambulanten Setting bereits angewandte Therapieprogramm (Hautzinger 1999) wurde überarbeitet und in zwei getrennten Manualen zusammengefasst (Morawetz et al. 1999). Diese Adaptation erschien aus folgenden Gründen sinnvoll und notwendig:

- Zum einen werden im ursprünglichen Manual von Hautzinger (unveröffentlichtes Handbuch) pro Gruppensitzung zweimal 45 Minuten veranschlagt. Dies erschien uns für unsere tagesklinischen Patienten zu lang und zu anstrengend. Die Patienten der Tagesklinik sind nach klinischem Eindruck weniger belastbar bzw. stärker durch ihre depressive Erkrankung beeinträchtigt. Durch häufig gleichzeitig auftretende anderweitige körperliche Erkrankungen (Multimorbidität) reduziert sich diese Belastbarkeit zusätzlich.
- Zum anderen umfasst das für den ambulanten Rahmen entwickelte Programm insgesamt 12 Sitzungen, es dauert also in der Regel 12 Wochen, wenn die Gruppe einmal wöchentlich stattfindet. Unsere Patienten sind im Durchschnitt 7 Wochen in tagesklinischer Behandlung (Morawetz & Wormstall 1996), also meist deutlich kürzer. Aus diesen Gründen entschieden wir uns, das Programm zu straffen und zu kürzen.

Dies geschah auf zweierlei Weisen:

a. Inhaltliche Straffung durch Weglassen von Einheiten aus dem ursprünglichen Manual
Die Einheiten 4 (Bedeutung der Entspannung bei Depression, Entspannungstraining nach Jacobsen) und 11 (Zusammenhang von Depression und fehlender sozialer Kompetenz) wurden von uns nicht verwendet. Zum einen wurden beide Verfahren in der Tagesklinik bereits angeboten, zum anderen erschienen sie uns für die Durchführung der Gruppe nicht zwingend erforderlich.

b. Verkürzung und Vereinfachung einzelner Sitzungen
Weggelassen bzw. inhaltlich deutlich verkürzt wurden auch die Sitzungen 1 (Gruppenregeln), sowie die Sitzungen 2 und 3 (Problemanalyse). Zudem verkürzten wir nach Möglichkeit die zu jeder Stunde gehörenden Hausaufgaben und erhöhten die gemeinsame Übungszeit während der Gruppe. Die jeweiligen Inhalte wurden häufig wiederholt (wie im ursprünglichen

Manual zu Anfang jeder Stunde). Den Patienten wurde viel Zeit einge-räumt, nachzufragen und sich untereinander auszutauschen.

Auch wir arbeiteten mit Folien, auf denen die wesentlichen Inhalte der Stunden zusammengefasst waren und die am Ende jeder Stunde den Patienten ausgeteilt wurden. Diese Folien wurden von uns z. T. vereinfacht und in der Anzahl reduziert.

Fasst man die beiden so von uns entworfenen Manuale *Aktivitäten* und *Kognition* wieder zusammen, so kommt man auf insgesamt 24 Sitzungen, die jedoch jeweils nur 45 Minuten dauern.

Bis zur dritten Sitzung konnten Patienten neu in die Gruppe hinzukommen, danach war ein Einstieg nicht mehr möglich und die Betreffenden mussten bis zum Beginn der nächsten Gruppe warten.

Einschlusskriterien

Patienten wurden in die Studie aufgenommen, wenn sie mindestens 55 Jahre alt waren und eine der folgenden Diagnosen (DSM-IV) vorlag:
– Major Depression, einzelne Episode (296.2x) oder rezidivierend (296.3x),
– Dysthyme Störung (300.4),
– nicht näher bezeichnete depressive Störung (311) oder
– Bipolar I oder Bipolar II, aktuelle Episode depressiv (296.5x bzw. 296.89).

Die Depressionsschwere sollte in der Hamilton Depressionsskala (HAMD) ≥ 13, die kognitive Leistungsfähigkeit mindestens im Mini Mental Status Test (MMST) bei ≥ 24 liegen.

Ausschlusskriterien

Akute psychotische Symptomatik, Wahnerkrankung, Zwangsstörung, akute Suizidalität, Substanzabhängigkeit, aktuelle Behandlung mit Lichttherapie, schwere motorische oder sensorische Beeinträchtigungen, die die Teilnahme behindern, fehlendes Sprachverständnis.

Therapieerfolgsmaße

Hamilton Depressionsskala (HAMD)

Die HAMD ist eine häufig verwendete *Fremdbeurteilungsskala* zur Einschätzung des Schweregrades einer Depression. Die Skala besteht aus 21 Items und erfasst in 3 bzw. 5facher Abstufung Symptome wie Stimmung, Schlaf-, Appetit- und Konzentrationsstörungen sowie Suizidalität.

Geriatrische Depressionsskala (GDS)

Die GDS ist ein *Selbstbeurteilungsinstrument* und wurde speziell für die Abschätzung der Depressivität älterer Patienten entwickelt. Die Skala besteht aus 15 Items (Kurzform), die mit »ja« bzw. »nein« zu beantworten sind. Sie kann sowohl mündlich als auch schriftlich vorgegeben werden. Bei der Kurzform gelten Werte bis 5 Punkte als normal, 6–10 Punkte sprechen für eine leichte bis mäßiggradige Depression, darüber liegen Werte, die für eine schwere Depression sprechen.

Münchner Lebensqualitäts Dimensionen Liste (MLDL)

Diese Skala enthält vier Subskalen *Physis, Psyche, Sozialleben* und *Alltagsleben*, die der Erfassung der Lebensqualität dienen. Auf einer 10-stufigen Skala werden insgesamt 19 Items in der Selbstbeurteilung nach Zufriedenheit und Wichtigkeit eingeschätzt.

Melbourne Neugier Scala (MCI-D)

Die MCI dient der Erfassung von Neugier und explorativen Verhaltensweisen. Dem Patienten werden insgesamt 20 Aussagen vorgeben wie z. B. »Die Möglichkeit, etwas Neues zu lernen, reizt mich« oder »Ich löse gerne knifflige Fragen und Probleme«. Diese werden jeweils über eine vierstufige Skala (fast nie – manchmal – oft – fast immer) eingeschätzt.

Datenerhebung

Zu drei Messzeitpunkten wurden Daten erhoben:

t1:   vor Beginn der Gruppe (in der Tagesklinik)
t2:   nach Beendigung der Gruppe (in der Tagesklinik)
t3:   Katamnesezeitpunkt (in der Wohnung des Patienten)

Folgende Daten wurden erhoben:

Zu t1: soziodemographische Daten, klinische Merkmale. Therapieer-
folgsmaße: HAMD, GDS, MLDL, MCI-D. Sonstiges: aktuelle
Aktivitäten (»was gelingt noch gut?«, »was hilft?«), subjektives
Krankheitsmodell, subjektive Fähigkeit zur Mitarbeit.

Zu t2: HAMD, GDS, MLDL; MCI-D (Therapieerfolgsmaße); Patien-
tenzufriedenheit: subjektive Einschätzung des Therapieerfolgs,
Beurteilung der Depressionsgruppe, Verbesserungsvorschläge.

Zu t3: HAMD, GDS, MLDL; MCI-D (Therapieerfolgsmaße); Patien-
tenzufriedenheit: subjektive Einschätzung des Therapieerfolgs,
Beurteilung der Depressionsgruppe, Verbesserungsvorschläge.

Statistische Auswertung

Die statistische Auswertung der Daten erfolgte mit SPSS für Windows,
Version 11.0. Zur Erfassung der Therapieeffekte in Gesamt- und Teilstich-
probe kamen parametrische und nonparametrische Verfahren wie Varianz-
analyse, Friedman-Test, Wilcoxon-Test und U-Test nach Mann-Whitney zum
Einsatz. Zur statistischen Absicherung der Prädiktoren für den Therapieerfolg wurde die multiple Regressionsanalyse herangezogen.

Therapeutische Interventionen

Zwei unterschiedliche Gruppenmethoden wurden in der Tagesklinik erprobt
und untersucht:

Verhaltensorientierter Therapiebaustein (VT)
Im Mittelpunkt dieser Gruppe steht der Zusammenhang zwischen Aktivität
und Stimmung. Die Patienten sollen erkennen, dass ihre Stimmung damit
zusammenhängen kann, was sie gerade tun. Der schrittweise Aufbau persön-
lich angenehmer Aktivitäten wird geplant und die Umsetzung in einem
Wochenplan geklärt. Unterstützend wird eine umfangreiche Liste mit den
verschiedensten positiven Aktivitäten gemeinsam bearbeitet. Damit soll der
depressionstypischen Antriebslosigkeit, dem Interessenverlust und der Passi-
vität entgegengewirkt werden. Letztendlich sollen die Teilnehmer lernen,

auch in Zukunft ihre Zeit aktiver und angenehmer zu gestalten, um so mittelfristig einem Rückfall entgegenzuwirken.

Kognitionsorientierter Therapiebaustein (KT)
Ziel ist es zunächst, die Patienten dafür zu sensibilisieren, ihre typische automatische, negative Art zu denken und den Einfluss dieses Denkstils auf die Stimmung überhaupt zu erkennen. Dies wird an typischen negativen Gedankenmustern und an ungünstigen Interpretationen verschiedenster Ereignisse und Erlebnisse deutlich, die mit unangenehmen, negativen Emotionen einhergehen. In einem nächsten Schritt werden anhand von vielfachen Erlebnissen der Patienten Korrekturmöglichkeiten dieses Denkstils eingeübt.

Ergebnisse

Beschreibung der Stichprobe

An der Studie nahmen 29 Patienten teil (27 Frauen, 2 Männer). Das Durchschnittsalter der Gesamtgruppe betrug 70 Jahre (±7), das der verhaltenstherapeutischen Gruppe (n=14) 73 Jahre (±6), das der kognitiv orientierten Gruppe (n=15) 68 Jahre (±7). Der größte Teil der Patienten war verheiratet (n=11) oder verwitwet (n=12). Das prämorbide intellektuelle Leistungsvermögen kann als durchschnittlich (Prozentrang 48,9) bezeichnet werden (nach MWT-B). Im Hinblick auf Alter, Geschlecht, Familienstand und intellektuelles Leistungsvermögen fand sich kein Unterschied zwischen den beiden Gruppen.

Klinische Merkmale

Fast alle Patienten litten unter einer Major Depression, bei acht Patienten war es die erste Episode. Eine Patientin litt an einer depressiven Episode im Rahmen einer bipolaren Erkrankung. Die derzeitige Depression musste bei vier Patienten als leicht, bei 13 als mittelschwer und bei 12 als schwer bezeichnet werden. Die Patienten waren durchschnittlich bereits seit 19 Wochen erkrankt. Die typische Patientin war im Alter von 58 Jahren erstmals an einer Depression erkrankt, hatte vor Beginn der Gruppe bereits zwei depressive Phasen durchlebt und war multimorbide (d. h. mehrfach krank mit mindestens zwei weiteren Diagnosen im somatischen Bereich). Die meisten Patientinnen und Patienten kamen auf Überweisung ihres niedergelassenen Psychiaters bzw. Hausarztes (16 bzw. 6).

Durchschnittlich wurden drei verschiedene Psychopharmaka und zwei Medikamente wegen somatischer Erkrankungen eingenommen. Im Bereich der klinischen Merkmale fanden sich keine signifikanten Unterschiede zwischen den beiden Therapiegruppen.

Der größte Teil der Patienten (n = 23) gab an, dass er glaube, dass psychosoziale Faktoren an der Entstehung und Aufrechterhaltung ihrer Depression beteiligt waren bzw. sind. Nur fünf hatten ein rein medizinisches Krankheitsmodell.

Ihre Fähigkeit zur Mitarbeit an der Gruppe wurde als »mittelmäßig gut« eingeschätzt. Als hilfreich während der aktuellen Phase wurden vor allem interpersonelle Faktoren erlebt, wie das Zusammensein mit dem Partner oder der Familie bzw. der Kontakt mit den Mitpatienten in der Tagesklinik.

Evaluation nach Abschluss der Therapie

Für die Gesamtgruppe zeigte sich erwartungsgemäß eine signifikante Verbesserung in allen vier Untersuchungsinstrumenten:
– reduzierte Depressivität (HAMD/GDS),
– erhöhte Lebenszufriedenheit (MLDL) und
– Neugier (MCI-D).

Die Verbesserung der Lebenszufriedenheit ging auf eine Zunahme der Zufriedenheit in den Subscalen »Physis« und »Psyche« zurück. Zwischen den beiden Therapiegruppen fanden sich für die drei Maße HAMD, GDS und MLDL vergleichbare Verbesserungen. Bei der Neugierskala (MCI-D) zeigt sich, dass die KT-Gruppe am Ende der Therapie deutlich neugieriger war als zu Beginn, während die VT-Gruppe in ihrer Neugier entgegen der Erwartung etwas nachließ.

Für die beiden Depressionsmaße HAMD und GDS wurde gefordert, dass die Eingangswerte nach erfolgter Therapie um 50% reduziert sein sollten. Nach diesem Maßstab waren von den 29 Patienten 14 in der HAMD und 5 in der GDS klinisch bedeutsam gebessert.

Für Lebenszufriedenheit und Neugier wurde eingangs gefordert, dass sich die Messwerte von t1 nach t2 um mindestens eine halbe prä-Standardabweichung erhöhen sollten. Dies betraf im Hinblick auf die Lebenszufriedenheit 14 Patienten und auf die Neugier 12 Patienten (41%) (Tabelle 1).

	Therapiegruppe		Gesamtgruppe
	KT	VT	
	N = 15	n = 14	n = 29
	M	M	M
Variablen			
HAMD			
t1 (prä)	19.6 ± 4.9	21.6 ± 5.3	20.6 ± 5.1
t2 (post)	9.8 ± 6.2	12.6 ± 7.0	11.2 ± 6.6
GDS			
t1 (prä)	10.1 ± 3.0	11.4 ± 2.7	10.7 ± 2.9
t2 (post)	7.5 ± 4.0	9.3 ± 4.2	8.3 ± 4.1
MLDL			
t1 (prä)	5.5 ± 1.2	5.0 ± 1.1	5.1 ± 1.2
t2 (post)	6.1 ± 1.3	5.2 ± 1.0	5.7 ± 1.2
MCI-D			
t1 (prä)	36.2 ± 8.5	40.0 ± 10.4	38.0 ± 9.4
t2 (post)	46.6 ± 8.5	37.8 ± 7.2	42.3 ± 9.0

HAMD: Hamilton-Depression-Scale; GDS: Geriatric Depression Scale; MLDL: Münchner Lebensqualitäts Dimensionen Liste; MCI: Melbourne Couriosity Inventory. KT: Kognitiv orientierte Therapiegruppe, VT: Aktivitätsorientierte Gruppe; M: Mittelwert.

Tab. 1: Mittelwertunterschiede in den Therapieerfolgsmaßen zu T1 und T2

Nachuntersuchung

Die Katamneseuntersuchung konnte mit 16 Teilnehmern durchgeführt werden. Zwei Patienten befanden sich zum Katamnesezeitpunkt wieder in stationärer Behandlung, acht verweigerten die Teilnahme, weil es ihnen

»nicht gut« ging (»in Ruhe lassen«), zwei, weil es ihnen »gut« ging (»nichts aufrühren«) und einer war verstorben.

Im Schnitt fand die Katamnese 72 Wochen nach Ende der tagesklinischen Behandlung statt. 11 von 16 Patienten hatten in der Zwischenzeit psychiatrische Hilfe (Routinekontrollen der Medikation) in Anspruch genommen. Die aktuelle Medikation zum Katamnesezeitpunkt unterschied sich nicht zwischen den Gruppen. Typischerweise wurden fünf Medikamente genommen, davon zwei Psychopharmaka.

Zufriedenheit mit der Behandlung

Sowohl zu t2 als auch zu t3 wurden die Patienten gefragt, wie zufrieden sie mit der Therapie waren bzw. als wie hilfreich sie diese erlebt hatten. Unabhängig vom Befragungszeitpunkt waren die Teilnehmer mit der Therapie eher zufrieden (64%). Es fanden sich keine signifikanten Unterschiede zwischen den Gruppen. 72% bzw. 81% beurteilten die Gruppe als »gut«und würden sie auch weiter empfehlen. Wenn Verbesserungsvorschläge gemacht wurden (n = 8), dann wünschten sich die Patienten vor allem motiviertere Mitpatienten, mehr Lernhilfen, eine längere Dauer und mehr Austausch untereinander.

Therapieerfolg am Ende der Therapie und bei der Nachuntersuchung

Für die Katamnesepatienten zeigt sich Erfreuliches. Im Vergleich zu t2 zeigt sich zu t3 eine weitere Verbesserung in den vier Erfolgsmaßen. Zum Katamnesezeitpunkt lag der mittlere GDS-Wert im Normalbereich. Eine klinisch bedeutsame Besserung der Depressivität (Kriterium: Reduktion um 50%) wurde zu t3 für 68% (HAMD), bzw. 50% (GDS) der Patienten festgestellt. Lebenszufriedenheit und Neugier erhöhten sich zu t3 signifikant. Auch hier wurden keine Erfolgsunterschiede zwischen den Therapiegruppen gefunden.

Vergleicht man die Katamnesepatienten mit den Patienten, die nicht an der Katamnese teilnahmen, so zeigten sich in den vier Variablen zu t1 keine signifikanten Unterschiede zwischen den beiden Patientengruppen. Bei der Gruppe ohne Katamnese bewegten sich die Erfolgsmaße zu t2 wie bei der Gruppe mit Katamnese in der erwarteten Richtung. Auch in der Verbesserung der Werte in Lebenszufriedenheit und Neugier waren die beiden Gruppen zu t2 vergleichbar. Auffällig ist allerdings, dass bei der Gruppe, die später nicht an der Katamnese teilnahm, die Depressivität in der Selbstbeurteilung (GDS) von t1 zu t2 nicht so stark absank.

Ein t-Test für unabhängige Stichproben zeigte, dass sich die GDS-Werte direkt nach der Therapie zwischen den Gruppen mit und ohne Katamnese statistisch sehr signifikant unterschieden. Der mittlere GDS-Wert der Gruppe ohne Katamnese lag auch noch zu dieser Zeit im Grenzbereich zu einer schweren Depression (M = 10.5).

	Teilgruppe		Gesamtgruppe
	Ohne Katamnese	Mit Katamnese	
	N = 13	n = 16	n = 29
	M	M	M
Variablen			
HAMD			
t1 (prä)	21.4 ± 5.3	20.0 ± 5.1	20.6 ± 5.1
t2 (post)	13.4 ± 5.4	9.4 ± 7.1	11.2 ± 6.6
t3 (Katamnese)	-	8.8 ± 7.3	-
GDS			
t1 (prä)	11.5 ± 2.2	10.1 ± 3.2	10.7 ± 2.9
t2 (post)	10.5 ± 3.0	6.6 ± 4.2	8.3 ± 4.1
t3 (Katamnese)	-	5.1 ± 3.9	-
MLDL			
t1 (prä)	5.0 ± 1.0	5.3 ± 1.5	5.1 ± 1.2
t2 (post)	5.6 ± 1.1	5.7 ± 1.4	5.7 ± 1.2
t3 (Katamnese)	-	6.8 ± 1.6	-
MCI-D			
t1 (prä)	35.8 ± 9.0	40.0 ± 10.0	38.9 ± 9.4
t2 (post)	40.5 ± 9.0	43.8 ± 9.0	42.3 ± 9.0
t3 (Katamnese)	-	50.0 ± 9.0	-

Tab. 2: Therapieerfolgsmaße über alle drei Meßzeitpunkte t1, t2 und t3

Ansonsten ergaben sich keine bedeutsamen Unterschiede zwischen den beiden Patientengruppen.

Bei der Nachuntersuchung zeigten sich klinisch bedeutsame Verbesserungen (mehr als 50%iges Absinken) bei 10 der 16 Patienten (63%) in der Fremdbeurteilung (HAMD) und bei 8 (50%) in der Selbstbeurteilung (GDS). Außerdem waren 10 Patienten (63%) mit ihrem Leben zufriedener, 12 (75%) gaben eine Zunahme der Neugier an.

Der Katamnesezeitraum hatte keinen Einfluss auf das Ausmaß des Therapieerfolges (Tabelle 2).

Prädiktoren des Therapieerfolgs

Die *subjektive Fähigkeit zur Mitarbeit (SFM)* und das *subjektive Krankheitsmodell (SKM)* erwiesen sich als signifikante Prädiktoren für den Therapieerfolg. Je größer die subjektive Fähigkeit zur Mitarbeit an der Gruppe war (codiert von 1–6), desto größer war die Reduktion der Depression. Patienten mit einem psychosozial offenen Krankheitsmodell erreichten außerdem im Verlauf der Therapie eine stärkere Abnahme der Depression. Alter, Neugier und prämorbide Intelligenz haben sich (nach Auspartialisierung der initialen Depressionswerte) nicht als prädiktiv erwiesen.

Von einer Vorhersage des langfristigen Therapieerfolges wurde aufgrund der kleinen Stichprobe abgesehen.

Diskussion

Die in dieser Untersuchung gefundene Reduktion der depressiven Symptomatik (kurzfristiger Therapieerfolg) steht im Einklang mit den sonstigen Therapieerfolgsstudien (Fuchs & Zimmer 1992, Hautzinger 1999). Die zur Verbesserung der Depressivität gefundene parallele Zunahme der Lebenszufriedenheit konnte bereits von Wormstall et al. (2001) gezeigt werden.

Die Beurteilung des längerfristigen Therapieerfolgs (Katamnese) ist durch die eingeschränkte Anzahl der untersuchten Patienten (weniger als zwei Drittel) sicher schwierig zu bewerten. Die Ablehnungsgründe sprechen zumindest bei einem Teil der Patienten für eine Verschlechterung der Symptomatik. Die nach der Therapie gefundene geringere Reduktion der Depressivität in der Selbstbeurteilung (GDS) gegenüber der Fremdbeurteilung (HAMD) ist ein gängiger Befund. Möglicherweise ist die Selbstbeurteilung der Patienten verzerrt (»kognitive Trägheit«).

Zur klinischen Bedeutsamkeit des Therapieerfolgs depressiver Älterer gibt es kaum empirische Befunde. Gloaguen et al. (1998) berichten von Erfolgsraten von 40% in der Selbstbeurteilung bzw. von 70%–80% in der Fremdbeurteilung. Verglichen damit liegen die Ergebnisse dieser Studie im Rahmen.

Zwischen den Therapiegruppen fanden sich entgegen der Erwartung keine Unterschiede, weder unmittelbar nach Ende der Gruppen noch in der (mit Vorsicht zu bewertenden) Katamnesestichprobe. Dies steht im Einklang mit den Ergebnissen von Fuchs & Zimmer (1992) und Gortner et al. (1998).

Als Prädiktoren für einen kurzfristigen Therapieerfolg eignen sich die *hohe subjektive Fähigkeit zur Mitarbeit* und ein *psychosozial offenes Krankheitsmodell.*

Nach diesem Ergebnis kann man mit zwei einfachen Fragen die Patienten identifizieren, die vermutlich eher wenig von der Depressionsgruppe profitieren. Um deren Motivation für die Therapie zu erhöhen, wäre es sinnvoll, ihnen zuvor ein psychosozial offenes Modell zu vermitteln (z. B. durch Psychoedukation und durch Klärung der eigenen Vorstellungen zur Depressionsgenese). Die durch die Variablen *subjektive Fähigkeit zur Mitarbeit* und *subjektives Krankheitsmodell* operationalisierten Konzepte erwiesen ihre Bedeutsamkeit für den Therapieerfolg und sollten zu einer Optimierung der klinischen Praxis herangezogen werden.

Die vier anderen Variablen (initiale Depressionsschwere, Neugier, Alter und prämorbide Intelligenz) lieferten keinen statistisch signifikanten Beitrag zur Prädiktion.

Einige Schwächen der Untersuchung bleiben jedoch bestehen. In der Tagesklinik gibt es komplexe Therapieangebote und es ist schier unmöglich, die verschiedenen Wirkfaktoren auseinanderzudividieren. Vor diesem Hintergrund wird derzeit ein Vergleich der Depressionsgruppe mit einer Kontrollgruppe (Psychoedukation) durchgeführt.

Ein weiterer Kritikpunkt bezieht sich, wie bereits ausgeführt, auf die Katamnese. Hier können keine eindeutigen Aussagen gemacht werden. Möglicherweise war eine Subgruppe von nach wie vor depressiven Patienten aus Enttäuschung nicht für eine Nachuntersuchung bereit.

Fazit für die Praxis

Auch im tagesklinischen Rahmen stellt die kognitiv-verhaltenstherapeutische Behandlung älterer depressiver Patienten eine sinnvolle Therapiemöglichkeit dar. Nach der Teilnahme konnte das Ausmaß der Depressivität deutlich reduziert werden. Das von uns überarbeitete Manual bzw. Programm wird von den Patienten als positiv und hilfreich beurteilt. Eine Überlegenheit eines der beiden Therapiebausteine gegenüber dem anderen konnte nicht nachgewiesen werden. Insbesondere Patienten mit einem *psychosozial offenen individuellen Krankheitsmodell* und einer *hohen subjektiven Fähigkeit zur Mitarbeit* profitierten von unserem Angebot.

Literatur

Bagulho F (2002) Depression in older people. Curr Op in Psychiat 15:417–422.

Fuchs T & Zimmer FT (1992) Verhaltenstherapeutische und psychodynamische Therapieansätze bei Altersdepressionen. Verhaltenstherapie 2:244–250.

Gallagher D, Thomson L, Steffen AM (1994) Comparative effects of cognitive-behavioral and brief psychodynamic psychotherapies für depressed family caregivers. J Cons Clin Psychol 62:543–549.

Gloaguen V, Cottraux J, Cucherat M, Blackburn YM (1998) A meta-analysis of the effects of cognitive therapy in depressed patients. J Aff Dis 49:59–72.

Gortner et al. (1998) Cognitive – behavioral treatment for depression: Relapse prevention. J Cons Clin Psychol 66:377–384.

Hautzinger M (2000) Depression im Alter. Weinheim (Beltz PVU).

Morawetz C & Wormstall H (1996) Senioren Tagesklinik Wielandshöhe. Die Kerbe 2:16–18.

Morawetz C, Hautzinger M, Kossak A, Wormstall H (1999) Verhaltenstherapeutische Gruppentherapie bei Depressionen im Alter. Fortschr Neurol Psychiat, Sonderheft.

Scogin F & McElreath L (1994) Efficacy of psychosocial treatments for geriatric depression: a quantitative review. J Cons Clin Psychol 62:69–74.

Wormstall H, Morawetz C, Adler G, Schmidt W, Günthner A (2001) Behandlungsverläufe und therapeutische Effektivität in einer gerontopsychiatrischen Tagesklinik. Fortschr Neurol Psychiat 69:78–85.

Korrespondenzadressen

Dr. Carmen Morawetz
Diplompsychologin
Universitätsklinik für Psychiatrie und Psychotherapie Tübingen
Tagesklinik Wielandshöhe
Stauffenberg Straße 10
D-72074 Tübingen
E-Mail: carmen.morawetz@med.uni-tuebingen.de

PD Dr. med. Henning Wormstall
Psychiatriezentrum Schaffhausen
Breitenaustraße 124
CH-8200 Schaffhausen

Patrick Goetze
Diplompsychologe
Abteilung Klinische und Physiologische Psychologie
Christophstraße 2
D-72072 Tübingen

Ein europäisches Projekt der offenen Altenarbeit im Kasseler Stadtteilzentrum Agathof

Marianne Bednorz

Das Stadtteilzentrum Agathof liegt im Kasseler Osten, einem ehemaligen Arbeiterbezirk. Vor 24 Jahren wurde das über einhundert Jahre alte Gebäude der Agathofschule mit Förderung des hessischen Sozialministeriums zu einer Begegnungsstätte für ältere Menschen umgewandelt. Es wird seither – wie weitere drei derartige Stadtteilzentren – von der Stadt Kassel im Rahmen der offenen Altenhilfe finanziert und von einem gemeinnützigen Verein getragen. Geleitet wird die Einrichtung von einer fest angestellten Fachkraft (Sozialarbeit/Sozialpädagogik), die über die Jahre die inhaltliche und organisatorische Weiterentwicklung der Einrichtung sicherstellt. Sie wird unterstützt von Praktikanten, ABM-Kräften und weiteren befristet eingestellten Mitarbeitern.

Das Kernstück der Arbeit des Stadtteilzentrums sind Gruppenangebote in den Bereichen Begegnung/Geselligkeit, Bildung, Kultur, Kreativität und künstlerisches Gestalten sowie Bewegung/Sport. Wöchentlich nutzen knapp 460 Personen das Angebot, wobei Männer mit etwa 14%, wie überall in der Altenarbeit, die Minderheit stellen. Der Alterdurchschnitt der Besucher liegt bei Anfang 70 (Durchschnittsalter im Jahr 2003: Männer 69,6 Jahre, Frauen 72,2 Jahre).

Regelmäßig finden 40 verschiedene Gruppenangebote im Hause statt, die zu einem Drittel von Honorarkräften sonst aber von freiwilligen Mitarbeitern geleitet werden.

Die Angebote der Einrichtung spiegeln die Veränderungen im Selbstverständnis und in der Zusammensetzung der älteren Nutzer wider. Neben ›typischen‹ Altenclubangeboten begann man schon früh, mit Projekten auf die gesellschaftlichen Entwicklungen zu reagieren. So konnten sich Angebote in den Bereichen Videoarbeit, Seniorentheater und Stadtteilgeschichte etablieren. In den letzten Jahren nutzen zunehmend ältere Menschen mit Migrationshintergrund das Haus – hier vorwiegend aus den ehemaligen GUS-Staaten.

Immer wieder gibt es Kooperationen mit Einrichtungen der Jugendarbeit, wobei sich besonders die neuen Kommunikationstechnologien als hilfreiche

Vermittler erweisen: Jugendliche leiten Ältere im Gebrauch von Handys ein, Ältere dokumentieren in Videofilmen die Veränderungen im Stadtteil und präsentieren sie in Schulen.

Aktuell beteiligt sich das Stadtteilzentrum Agathof an einem von der Europäischen Gemeinschaft und der Robert Bosch Stiftung geförderten Kultur-Projekt ›Erinnerungen Raum geben – Making Memories Matter‹.

Die Vorbereitungen begannen im September 2004 gleichzeitig mit den sechs Partnerorganisationen in London, Kotka/Finnland, Prag, Barcelona, Cluj/Rumänien und Posen. Bis zu zwanzig ältere Menschen sind eingeladen, unter künstlerischer Anleitung ihre persönliche ›Erinnerungskiste‹ zu gestalten. Bei den Kisten soll es sich – nach dem ursprünglichen Konzept eines Hildesheimer Künstlerprojektes – um ausrangierte Munitionsbehälter der jeweiligen nationalen Armee handeln – eine friedliche Wandlung von einst todbringenden Behältnissen. Zur Ausgestaltung sollen originale Erinnerungsobjekte, nachgebildete Gegenstände, Symbole, Texte, Fotos und ggf. auch Ton- und Lichtelemente herangezogen werden. In Munitionskisten gestaltete individuelle Lebensgeschichten können so zu Ausstellungsobjekten der Zeitgeschichte werden.

Je etwa zehn Kisten pro Teilnehmerland werden Mitte März in Kassel zu einer Ausstellung zusammengestellt und danach als Repräsentanten europäischen Erbes auf die Reise gehen. Auf jeder Station (bei den Partnerstandorten und weiteren Interessenten) wird die Ausstellung der Erinnerungskisten in ein Rahmenprogramm mit Theater, Tanz, Vorträgen und Workshops eingebettet. Die Abschlussveranstaltung ist im Juni 2005 in Berlin vorgesehen. Veranstalter wird das Heimatmuseum Charlottenburg-Wilmersdorf mit dem Bezirk Charlottenburg sein.

Im Jahr Eins nach der EU-Ost-Erweiterung und im Jahr Sechzig nach dem Ende des Zweiten Weltkrieges wohnt diesen Zeugnissen des gelebten Lebens eine besondere Faszination inne: Altes und neues Europa begegnen sich in den Erinnerungen der ältesten Bürgerinnen und Bürger. Aus den vielen Vergangenheiten wird ein Teppich von Geschichten und Geschichte geknüpft, der Wege in ein zukünftiges Europa weisen kann. Auf seinem Wege von Ost nach West, von Nord nach Süd wird das Projekt Menschen aller Generationen miteinander und mit ihren Vergangenheiten in Beziehung bringen.

Das Projekt fügt sich in die bisherige Arbeit des Stadtteilzentrums ein und setzt ihr gleichzeitig ein kleines Glanzlicht auf. Die Arbeit mit älteren Menschen und die älteren Menschen selbst treten heraus an die Öffentlichkeit. Statt Aufmerksamkeit in der Rolle der potentiell Hilfsbedürftigen auf sich zu ziehen, leisten die Älteren einen ganz eigenen Beitrag zur Erhaltung des ›Kulturellen Erbes‹ – so auch Name des Förderschwerpunktes der EU.

Am Projekt beteiligte sind die folgenden Einrichtungen: Age Exchange Reminiscence Centre and Theatre Trust London/England – Stadtteilzentrum Agathof e. V. Kassel/Deutschland – Kulturamt der Stadt Kotka/Finnland – Ramon Llull Universidad Barcelona/Spanien – Alzheimer Gesellschaft Prag/Tschechien – Stiftung zur gegenseitigen Hilfe/Staatstheater Cluj/Rumänien – Fachhochschule für Sozialarbeit Dr. Miry Modzelewskiej Posen/Polen

Mit dem Projekt ist die Erwartung verknüpft, dass sich über den Förderzeitraum hinaus die gegenseitigen Kontakte aufrechterhalten, wenn nicht sogar ausbauen lassen. Bereits im November 2004 haben zwei Studentinnen der Sozialarbeit aus Posen ein Praktikum im Stadtteilzentrum Agathof abgeleistet, weitere Anfragen liegen vor.

Ganz nebenbei wird durch dieses Projekt auch bekannt, wie viele Besucher des Stadtteilzentrums ihrerseits Beziehungen zu einem der Partnerländer haben. Viele von ihnen haben dort ihre Wurzeln. Auch die Arbeit mit Älteren wird europäischer, könnte das Fazit bereits heute lauten.

Weitere Informationen

Stadtteilzentrum Agathof
Marianne Bednorz
Agathofstraße 48
34123 Kassel
E-Mail: stadtteilzentrum-agathof@t-online.de
Homepage: www.Agathof.de

Zum Titelbild

Die sieben Raben

Nina Dixon

Kunsttherapie wird als eine Einheit eines viermal die Woche stattfindenden Gruppentherapieangebots für ältere Menschen in der Klinik eingesetzt. Das Titelbild wurde zum Märchen »Die sieben Raben« von den Brüdern Grimm in einer Kunsttherapiegruppe von einer Patientin gemalt. In der Gruppe davor wurde das Märchen gelesen und gemeinsam reflektiert. Die Gruppe wird ebenso wie die »Märchengruppe« von mir als Kunsttherapeutin geleitet.

Zum Märchen

Ein Ehepaar hatte sieben Söhne aber keine Tochter, so sehr sie sich auch ein Mädchen gewünscht hatten. Endlich kommt ein Mädchen zur Welt, das so schwach ist, dass es wohl sterben wird. Der Vater schickt die sieben Brüder aus, Taufwasser zu holen. Sie kommen nicht rechtzeitig zurück, so dass er sie in seinem Ärger verflucht. »Ich wollt, dass die Jungen zu Raben würden.« Dies geschieht und sie verwandeln sich in Raben.

Das Mädchen wird dann aber gesund, lebt weiter und will seine Brüder erlösen. Es macht sich auf eine lange gefährliche Reise und besucht dabei Sonne, Mond und Sterne, um diese um Rat zu fragen. Mit der Opferung ihres kleinen Fingers, gelingt es ihr endlich zu den Brüdern zu kommen und diese zu erlösen.

Kunsttherapiegruppe

Die 68-jährige Patientin ist schon sehr lange in der Gruppe. Sie ist schwer depressiv und sitzt meist nur still und anklagend da. Sie traut sich nichts mehr zu und hat das Gefühl, nichts mehr zu können und vor allem nichts mehr zu spüren und zu fühlen. Desto erstaunlicher ist es, dass sie meist, wie auch in dieser Stunde, das kräftigste und farbenfrohste Bild malt. Die Kreide ist fest aufgesetzt, die Farben sind dick aufgetragen und die Konturen sind deutlich und klar. Die Kunsttherapeutin hat den Eindruck, dass die Patientin den gestalterischen Moment genoss und bei ihrer gestalterischen Arbeit versunken war. Das Bild wird in der Gruppe sehr bewundert, die Patientin kommentiert es in der Nachbesprechung der Bilder selbst: »Es ist doch nichts, es ging doch nichts.«

Obwohl die Patientin sich auch in der Gruppe nicht lebendig fühlt, haben wir doch die Hoffnung, dass sie über nonverbale Aktivitäten zu sich selbst und zum Leben zurückkehrt und mit ihrer Umwelt wieder ins Schwingen kommt und so wie die sieben Raben aus der Versteinerung erlöst wird.

Das Alter leben – eine Sichtung populärwissenschaftlicher Altersliteratur

Meinolf Peters

Das Alter konfrontiert mit neuen Anforderungen, auf die Menschen nicht vorbereitet sind. Es fehlt an Vorbildern, die Orientierung vermitteln könnten und einer »Kultur des Alterns«, wie Baltes bemängelt, in die der ältere Mensch hineinwachsen könnte. Vor diesem Hintergrund besteht ein erheblicher Bedarf an Anregung zur Altersreflexion; wir begegnen einer Suche nach sinnvermittelnden Lebensentwürfen und stoßen immer wieder auf die Frage, wie denn das Leben im Alter zu führen sei. Diese Frage wird in einer Altersliteratur aufgegriffen, die sich an ein breiteres Publikum wendet und die manchmal sogar in Bestsellerlisten vordringt. Gegenwärtig erfährt diese Literaturgattung einen neuen Boom. Einige der Neuerscheinungen sollen nachfolgend kurz vorgestellt werden.

Das Buch des Psychotherapeuten **Ulfilas Meyer** mit dem scheußlich klingenden Titel ›**Happy aging**‹ – scheußlich selbst dann, wenn man bedenkt, dass er provokativ als Gegenbegriff zum Anti-Aging gedacht ist – ist sicherlich das schwächste der hier vorgestellten Bücher. Der Autor befasst sich mit zwölf Grundweisheiten – Verantwortung, Achtsamkeit, Gelassenheit, Genuss, Humor etc. – anhand derer er immer wieder darauf zu sprechen kommt, das eigene Alter zu akzeptieren und zu leben. Doch manchmal wirken seine Appelle eher wie Beschwörungsformeln und man erfährt dabei wenig, wirklich Neues. Das Thema Alter erscheint in vielen Kapiteln eher als Anhängsel nach dem Motto, es wäre eben auch gut, im Alter gelassen zu werden, Achtsamkeit zu entwickeln, Humor zu bewahren etc. Zwar ist das Buch durchaus gefällig geschrieben und ernsthafter abgefasst, als es der Titel befürchten lässt, dennoch hätte man gern mehr erfahren.

Glaubwürdiger, weil von der eigenen Erfahrung des Älterwerdens getragen und somit persönlicher sind zwei andere Bücher. Die schwedische Psychotherapeutin **Patricia Tudor-Sandahl** befasst sich in ihrem Buch mit dem Titel ›**Das Leben ist ein langer Fluss**‹ mit der Zeit zwischen 50 und 60, in der das Alter seinen Schatten voraus wirft. Grenzland nennt sie diese Zeit, in der man nicht mehr jung, aber auch lange noch nicht alt ist. In dieser Zeit kommt viel Neues hinzu, Verunsicherung, Ängste und Abschiede begleiten den Veränderungsprozess. Ebenso kann jedoch Neugierde entstehen und zur Triebfeder werden, sich auf das Unbekannte einzulassen. Ein nachdenkliches, einfühlsam geschriebenes Buch, das ich gern zur Hand genommen habe.

Das nächste hingegen habe ich mit gemischten Gefühlen am Ende beiseite gelegt. Es stammt von **Judith Giovannelli-Blocher** und trägt den Titel ›Das Glück der späten Jahre. Mein Plädoyer für das Alter‹. Die Autorin ist Sozialarbeiterin und war bis zu ihrer Pensionierung an einer Fachhochschule in der Schweiz tätig. Vielleicht nahm ich es mit zu großen Erwartungen zur Hand, belegt es doch in der Schweiz vordere Plätze auf den Bestsellerlisten. Meine Erwartungen rührten vor allem daher, dass ich die etwa 70jährige Dame neulich bei einer Podiumsdiskussion erlebte, wo sie mich aufgrund ihres Engagements und ihres Temperaments sehr beeindruckte. Ich muss gestehen, ganz hält das Buch nicht, was ich mir erwartet hatte. Vielleicht konnte sie manchmal ihr Temperament nicht zügeln, allzu sprunghaft bleibt die Gedankenführung. Manch einer mag das anregend empfinden, mich hat es irritiert. Sie geht von alltäglichen Erfahrungen des Älterwerdens aus, die sie anhand von Beispielen aus ihren Seminaren, die sie mit älteren Menschen durchführt, veranschaulicht. Dies ist durchaus lesenswert. Doch diese Alltagserfahrungen werden nicht weiter durchdrungen und analysiert, vieles bleibt an der Oberfläche stecken. Dennoch hat das Buch ohne Frage auch Stärken, die besonders dann zum Tragen kommt, wenn die autobiografischen Bezüge deutlicher werden. Beeindruckt hat mich etwa die Schilderung eines Traumes, den sie in der Nacht zu ihrem fünfzigsten Geburtstag hatte. Sie hatte davon geträumt, dass etwas weggeschwommen war, was sie sehr beunruhigte. Am nächsten Morgen ging sie in den nahe gelegenen Rosengarten zu ihrem Lieblingsrosenstrauch, doch zu ihrer großen Enttäuschung waren die Rosen bereits verblüht. Nun setzte ein innerer Prozess ein, ein Nachdenken nicht nur über den verwelkten Rosenstrauch, sondern auch über ihr Leben, über ihre verpassten Träume und Wünsche. Daraus gingen neue Kräfte hervor, die sie privat und beruflich neue Ziele angehen ließen. Man sollte das Buch als Plädoyer lesen, als das es angekündigt ist, als solches hat es durchaus Überzeugungskraft.

Das letzte hier vorgestellte neue Buch zum Thema Alter stammt von der emeritierten Germanistikprofessorin **Hannelore Schlaffer** mit dem Titel ›Das Alter. Ein Traum von Jugend‹. Es ist zweifellos das gehaltvollste der vorgestellten Bücher. Ein Vergleich mit den anderen Büchern kann nur sehr eingeschränkt vorgenommen werden, handelt es sich doch um einen kulturtheoretischen Essay, der völlig anders einzuordnen ist. Herausgekommen ist eine äußerst geistreiche und auch für den Experten immer anregende Auseinandersetzung mit dem Thema Alter und dem ewigen Traum von der Jugend. Dabei sind der Autorin wunderschöne Formulierungen, die treffender nicht sein könnten, gelungen. In der Auseinandersetzung mit dem historischen Altersbild der Weisheit und des Genies im Alter schreibt sie etwa: »... die Zeit der frühen Jugend bleibt noch im Alter vergeistigt gegenwärtig. In jener Phase des Lebens, da sich das Individuum selbst zur Geschichte wird, ist die Geschichte sein eigentlicher Gegenstand. Es taucht in sie ein wie in einen Jungbrunnen.« Doch es sind nicht nur gelungene Formulierungen, die das Buch so lesenswert machen, es ist vor allem die Aufarbeitung der historischen Altersbilder und die Beschäftigung mit der Frage, wie diese auch in gegenwärtige Altersbilder einfließen und fortwirken, wenn sie etwa den Begriff des Seniors oder der Seniorenresidenz – als handele es sich um Häuser für Senatoren in Erinnerung an den römischen Senator oder Residenzen von Fürsten – genauer betrachtet. Dabei stellt sie immer auch die Unterschiede zwischen Männern und Frauen heraus. Genüsslich beschreibt sie die alternden Ehepaare – die Senioren und Seniorinnen –, die nicht nur viel reisen, sondern auch in ihren Heimatstädten gern konsumieren, gemeinsam frühstücken, einkaufen, ein kleines Mittagessen einnehmen und der ganzen Welt das Schauspiel ihres nachsommerlichen Einverständnisses darbieten. Dabei treten sie gern im Gänsemarsch auf, die Frau leitet die Entdeckungsreise in die Stadt, der Mann folgt, gutwillig, entspannt – und ein wenig verlegen. Der erfolgreiche Geschäftsmann sei zum Ladendiener seiner Frau geworden. Das Buch ist eine anregende Lesereise durch die Weltliteratur und unsere Kulturgeschichte.

Es hat etwas Fragwürdiges, wenn ein Experte populärwissenschaftliche Bücher bespricht, wird er sie doch mit anderen Augen lesen als diejenigen, an die sich die Bücher eigentlich richten. Doch das Buch von Schlaffer ist keine populärwissenschaftliche Lektüre, sondern ein Essay, der heranreicht an die älteren Bücher zur Altersreflexion, die mich wesentlich geprägt und bestärkt haben, vom Thema Alter nicht mehr loszukommen: Ich meine die Bücher von **Jean Amery, Simone de Beauvoir** oder **Noberto Bobbio,** dem kürzlich verstorbenen italienischen Philosophen. Diese Bücher zeigen, dass Literatur sehr wohl die Altersreflexion wenn schon nicht in Gang bringen – dazu sind wohl noch andere Motive erforderlich – so aber doch in eine Form und Richtung lenken kann. Die Unterschiedlichkeit auch der oben beschriebenen Bücher spricht dafür, das jeder das seinen Ansprüchen und Bedürfnissen entsprechende finden kann, das ihm hilft, seine Selbstbildung voranzubringen. In keine Kategorie so recht einzuordnen und für jedermann geeignet, ob Experte oder einfach nur alt, ist das schon etwas ältere, jetzt aber auch als Taschenbuch vorliegende Buch von **Sybill Gräfin Schönfeld** mit dem Titel ›**Die Jahre, die uns bleiben**‹. Die ehemalige ZEIT-Redakteurin wählte dabei Beispiele aus der Weltliteratur aus, die sie in Auszügen abgedruckt hat und die sie zum Ausgangspunkt nimmt, ihre Gedanken und Assoziationen zum Thema Alter anzufügen, ein niemals langweiliges, sondern immer geistreiches, oft tiefsinniges, aber auch unterhaltsames Lesevergnügen. Es ist im besten Sinne des Wortes ein Buch für Zwischendurch, das ich schon oft Patienten empfohlen habe.

Literatur

Amery J (1979) Über das Alter. Revolte und Resignation. Stuttgart (Klett-Cotta).
Beauvoir S. de (1972) Das Alter. Reinbek (Rowohlt).
Bobbio N (1997) Vom Alter – De Senectute. Berlin (Wagenbach).
Giovanelli-Blocher J (2004) Das Glück der späten Jahre. Mein Plädoyer für das Alter. Zürich (Pendo-Verlag).
Meyer U (2004) Happy Aging – Den Rhythmus des Lebens finden. Freiburg (Herder).
Schlaffer H (2003) Das Alter – Ein Traum von Jugend. Frankfurt (Surkamp).
Schönfeld Gräfin Sybill (1997) Die Jahre die uns bleiben. München (Piper Taschenbuchausgabe 2000)
Tudor-Sandahl P (2003) Das leben ist ein langer Fluss. Über das Älterwerden. Freiburg: (Herder).

Aimee Spector et al. (2003): Wirksamkeit eines Gruppenprogramms mit kognitiver Stimulationstherapie bei Demenzkranken

Johannes Kipp

Aimee Spector und Mitarbeiter stellen im British Journal of Psychiatry eine evidenzbasierte Multicenterstudie zur Gruppentherapie von Demenzkranken vor. (Brit J Psychiatry 183: 248–254). Eine Behandlungsgruppe mit 115 und eine Kontrollgruppe mit 86 demenzkranken Menschen, deren Mini Mental Testwert zwischen 10 und 24 lag, wurden in 18 Heimen und 5 Tagesstätten gefunden. In jeder der teilnehmenden Einrichtungen mussten mindestens 8 Teilnehmer für die Studie rekrutiert werden. Die Kranken nahmen 7 Wochen lang 2 mal wöchentlich 45 Minuten an einem kognitiv stimulierenden Programm teil, bei dem es u. a. um den Gebrauch von Geld, um Wortspiele und um bekannte Gesichter ging. Elemente des Realitätsorientierungstrainings und der Reminiszenztherapie mit dem Austausch von Erinnerungen an Essen und an die Kindheit waren einbezogen. Jede Sitzung begann mit einem Softballspiel. Die Themen der Gruppe wurden so gestellt, dass die individuelle Leistungsfähigkeit der Gruppenmitglieder berücksichtigt wurde. Die Mitglieder der Kontrollgruppe übten sich dagegen im »Nichtstun«.

Als Untersuchungsinstrumente wurden der Mini Mental Status-Test, der ADAS cog, ein Lebensqualitätsfragebogen sowie Fragebogen zu Depression und Angst eingesetzt.

Die statistische Auswertung brachte signifikante leichte Verbesserungen von Kognition und Lebensqualität der Patienten der Behandlungsgruppe, während die anderen Skalen keine Veränderungen zeigten.

Durch das Herausarbeiten der »Number needed to treat« war es möglich, die Ergebnisse mit anderen Therapiestudien zu den Cholinestereasehemmern zu vergleichen, bei denen ähnliche Therapieergebnisse erzielt wurden. Die Autoren weisen darauf hin, dass die Laufzeit der Cholinesterasehemmerstudien deutlich länger sind und fordern, dass eine Fortsetzung der Behandlungsaktivitäten notwendig sei, um das Therapieergebnis über längere Zeit zu erhalten.

Durch die methodisch ausgefeilte Arbeit wird unsere klinische Erfahrung bestätigt, dass stimulierende Gruppenarbeit wirksam ist, die Wirkung meist aber nur enge Grenzen hat. Ob durch die Kombination von stimulierender

Gruppenarbeit mit Cholinesterasehemmern bessere Ergebnisse zu erzielen sind, ist noch ungeklärt.

In einer deutschen Arbeit (J. Bohlken in Neurotransmitter 4/2004) wird die hier referierte Arbeit in der Weise kommentiert, dass die Kosten für die Durchführung von Hirnleistungstraining in Gruppen ähnlich seien wie bei der Verordnung von Cholinesterasehemmern. Die Entscheidung, was vom Arzt verordnet wird, hänge von seinem Budget ab. Ergänzend kann hinzugefügt werden: Vermutlich auch von seiner Überzeugung, was die Lebensqualität mehr verbessert.

AutorInnen

Errollyn Bruce, geb. 1950, BA der Sozialpsychologie (Universität Sussex) und MA in Angewandter Sozialwissenschaft der Universität Bradford (England). Sie arbeitet in Fortbildung und Lehre im Bereich Demenz und ist Mitglied der Bradford Dementia Group. Arbeitsschwerpunkte: Arbeit mit pflegenden Angehörigen, Einsatz von Reminiszenz bei Familien, die von Demenz betroffen sind, Evaluationsstudie zur Reminiszenztherapie. Zahlreiche Veröffentlichungen zum Thema Demenz.

Nina Dixon, geb. 1954, Ausbildung zur Kunsttherapeutin in Ottersberg mit Abschluss 1982. Seit 1987 als Kunsttherapeutin im Ludwig-Noll-Krankenhaus mit Schwerpunkt Gruppentherapien tätig, seit 1993 Leiterin des Gruppentherapieprogramms für depressive ältere Menschen.

Patrick Goetze, geb. 1969, Diplompsychologe, Rehabilitationsklinik für Suchtkranke Zwieselberg.

Cornelia Janz, geb. 1956, Diplomsozialarbeiterin mit tanztherapeutischer Zusatzqualifikation. Seit 1993 als Tanztherapeutin im Ludwig-Noll-Krankenhaus. Langjährige Erfahrung in der Gruppentherapie mit depressiven älteren Patienten.

Johannes Kipp, geb. 1942, Dr. med. Facharzt für Neurologie und Psychiatrie sowie psychotherapeutische Medizin, Psychoanalytiker (DPV) und Gruppenlehranalytiker, Direktor des Ludwig-Noll-Krankenhauses, Klinik für Psychiatrie und Psychotherapie des Klinikum Kassel. Buchveröffentlichungen zur Gerontopsychiatrie und Psychosentherapie, Schriftleiter von PiA.

Milos Kratochvil, geb. 1964, Arzt in Weiterbildung zum Facharzt für Psychiatrie und Psychotherapie. Studium der Medizin an der Universität Hamburg, Beginn der Weiterbildung zum Psychotherapeuten in einer psychosomatischen Klinik, Mitarbeit an einem OPD-Forschungsprojekt, Spezialisierung auf Essstörungen. Tätigkeit in der Akutpsychiatrie in Warstein und jetzt im Ludwig-Noll-Krankenhaus, Schwerpunkt Gerontopsychiatrie.

Helmut Luft, geb. 1924, Dr. med., Arzt für Neurologie und Psychiatrie, Psychoanalyse und Psychotherapeutische Medizin. Lehr- und Kontrollanalytiker (DPV). Ehemals Leiter der Fachklinik Hofheim am Taunus.

Carmen Morawetz, geb. 1960, Dr. Diplompsychologin, Verhaltenstherapeutin, seit 1990 in der Universitätsklinik für Psychiatrie und Psychotherapie Tübingen und seit 1996 in der Tagesklinik Wielandshöhe. Zahlreiche wissenschaftliche Publikationen, schwerpunktmäßig zu Depression und Demenz.

Meinolf Peters, geb. 1952, Dr. phil., Diplompsychologe und Psychoanalytiker (DGPT, DPG). Bis 2004 Leitung einer Abteilung Psychotherapie und Psychosomatik des höheren Lebensalters in einer Psychsomatischen Klinik, jetzt niedergelassener Psychoanalytiker in Marburg (Lahn) und Beratung, Fortbildung und Supervision in der Abteilung Gerontopsychosomatik und Alterspsychotherapie in der Klinik am Hainberg in Bad Hersfeld.

Ulrich Schmid-Furstoss, geb. 1958, Dr. phil., Diplompsychologe, Psychologischer Psychotherapeut, abgeschlossene Verhaltenstherapieausbildung, Leiter der Gerontopsychiatrischen Tagesklinik Wuppertal der Evangelischen Stiftung Tannenhof. Interessensschwerpunkt: Psychotherapie im Alter.

Doris Schulte, geb. 1952, Diplompädagogin und Ergotherapeutin mit der Zusatzausbildungen in Analytischer Gestaltungstherapie und Gruppenanalyse. Seit 1988 an den Gruppentherapieprogrammen im Ludwig-Noll-Krankenhaus beteiligt.

Bertram von der Stein, geb. 1958, Dr. med., Psychoanalytiker DGPT, DPG, Facharzt für Psychotherapeutische Medizin und für Psychiatrie und Psychotherapie, Rehabilitationswesen. Nach klinischer Tätigkeit in Psychosomatischen und Psychiatrischen Einrichtungen (zuletzt als Oberarzt an der Gelderlandklinik) nebenamtlicher kommissarischer Leiter der Klinik Wersbach (Leichlingen) und seit Anfang 2003 Psychoanalytiker in eigener Praxis in Köln sowie Dozent am Institut für Psychoanalyse und Psychotherapie Düsseldorf.

Angelika Trilling, geb. 1948, Diplompädagogin, seit 1985 Altenhilfeplanerin bei der Stadt Kassel, Veröffentlichungen zu den Themen Erinnerungspflege, Altenhilfeplanung, Beratung für Ältere

Ulrich Wichmann-Jentzen, geb. 1949, Diplompsychologe, langjähriger fachlicher Leiter des psychosozialen Zentrums des Ludwig-Noll-Vereins für psychosoziale Hilfe e. V. Kassel.

Henning Wormstall, geb. 1952, Privatdozent, Dr. med., Nervenarzt, Klinischer Oberarzt und kommissarischer Leiter der Geschäftsstelle des Geriatrischen Zentrums am Universitätsklinikum Tübingen. Zahlreiche wissenschaftliche Publikationen, schwerpunktmäßig zu geriatrischen und gerontopsychiatrischen Themen.

2004 · 400 Seiten · gebunden
EUR (D) 29,90 · SFr 52,20
ISBN 3-89806-354-2

Im Buch »Zwischen den Zeilen« haben verschiedene Autoren psychologische Analysen vieler bekannter literarischer Werke geliefert. Alle diese Autoren sind in zweifacher Weise dazu prädestiniert: Sie sind als Psychologen gewohnt, seelische Prozesse zu analysieren und auf ihre Sinnhaftigkeit hin zu überprüfen, und sie sind als literarisch versierte Leser fähig, belletristische Lektüre zu verorten und einzuordnen.

Bei diesen Analysen klassischer und moderner literarischer Werke steht also ein ganz bestimmter Aspekt im Vordergrund: der psychologische. Literarische Figuren, ihre Beziehungen, ihre Probleme und Lebensgeschichten erfahren durch den psychologischen Blick eine Prägnanz, die sie nicht nur für literarisch Tätige, sondern auch für den interessierten Leser neu erlebbar und bestimmbar machen. Gleichzeitig werden dadurch theoretische psychologische Konzepte klarer.

P🔲V
Psychosozial-Verlag

Zeitschrift »Psychotherapie im Alter«: Schreibhinweise für AutorInnen

Die Zeitschrift richtet sich an alle Berufsgrupen, die mit Älteren psychotherapeutisch arbeiten bzw. diese beraten und durch psychosoziale Interventionen unterstützen. Sie will diese Berufsgruppen in freier Praxis, in Beratungsstellen, in Fachkliniken, Abteilungen und Pflegeeinrichtungen ansprechen. Wesentliches Ziel ist es ein Forum der Psychotherapie und Soziotherapie des Alterns zu schaffen und fachlichen Austauch über die Therapieschulen und über die Berufsgruppen hinweg zu fördern. Ein besonderes Anliegen ist es, durch praxisbezogene Falldarstellungen, Anregungen für die eigene Arbeit zu vermitteln.

Die Beiträge müssen der Zielsetzung entsprechen und die Lesegewohnheiten der Zielgruppe berücksichtigen. Eingesandte Manuskripte werden im üblichen Review-Verfahren vor ihrer Annahme beurteilt. Um die Lesbarkeit für die unterschiedlichen Zielgruppen zu steigern, wird eine redaktionelle Überarbeitung durchgeführt.

Bitte fordern Sie die ausführlichen Schreibhinweise bei der Schriftleitung am besten per E-mail an.

Anschrift der Schriftleitung:

Dr. Johannes Kipp, Esther Buck
Ludwig Noll Krankenhaus
Klinik für Psychiatrie und Psychotherapie
Klinikum Kassel
Dennhäuser Straße 156
34134 Kassel
Tel.: 0561 / 4804-0
Fax: 0561 / 4804-402
E-mail: psychalter@yahoo.de

Bisher erschienene Schwerpunkthefte der »Psychotherapie im Alter«

Heft 1-2004: Erstgespräch ISSN 1613-2637 • Best.-Nr. 330

Herausgegeben von Peter Bäurle, Johannes Kipp, Meinolf Peters, Hartmut Radebold, Angelika Trilling, Henning Wormstall
Radebold: »Meine Geschichte ist immer mit dabei!« – Die historische Perpektive im Erstgespräch • Kipp: Die Struktur eines Erstgesprächs mit Älteren • Trilling: Wie kommt der Mensch zur Altenberatung? • Wachs/Kipp: Womit habe ich das verdient? Pflegerische Aufnahme von älteren psychisch kranken Patienten • Peters/Hübner/Manaf: »Müssen Sie das wirklich alles wissen?« – Erstgespräch in der Gerontopsychosomatik • Buck/Kipp: Das Aufnahmegespräch in der Klinik für Psychiatrie und Psychotherapie • Hinze: Das Erstgespräch mit älteren Patienten in der psychoanalytischen Praxis • Kemper: Die verhaltenstherapeutische Erstuntersuchung • Johannsen: Das systemische Erstgespräch • Schaefer/Schaal/Wormstall: Das tagesklinische Vorgespräch – unnötige Hemmschwelle oder ein wichtiges diagnostisches und therapeutisches Instrument • u. a.

Heft 2-2004: Angst ISSN 1613-2637 • Best.-Nr. 331

Herausgegeben von Peter Bäurle
Kipp: Angst im Alter – Diagnose und Therapie • Adler: Angst als Begleitsymptom bei Depressionen im Alter • Radebold: Die Vergangenheit ist unbewusst zeitlos – Psychoanalytische Fokaltherapie einer 80-jährigen mit Angstzuständen und Panikattacken • Stahl/Schreiter Gasser: Verhaltenstherapeutische Angstbehandlung in der Tagesklink • Th. Wagner: Angst bei älteren Patienten im Allgemeinkrankenhaus – Krisenintervention durch einen psychiatrisch/psychosomatischen Konsiliardienst • Kipp/Herda: Angstanfälle im Alter – ein Durchbruch alter Traumata • Bäurle: »Geh ins Zentrum der Angst, dort wirst du Ruhe finden« – Psychoedukation zum Thema Angst mit älteren Menschen • Voss/Martin/Stegmann: Der Zusammenhang von Angststörungen und belastenden Lebensereignissen • Boerner: Pathologische Angstformen im Alter – eine vergessene Störung • u. a.

Heft 3-2004: Traumatisierung ISSN 1613-2637 • Best.-Nr. 116

Herausgegeben von Hartmut Radebold
Reulecke: Vom historischen Umgang mit den großen Katastrophen des 20. Jahrhunderts • Heuft: Traumatisierung im Lebenslauf und Trauma-Reaktivierung im Alter • Maercker/Müller: Erzähltechniken in der Therapie posttraumatischer Belastungsstörungen: Life Review und Testimony • Reddemann: Spätfolgen von Traumatisierungen – Möglichkeiten und Erfordernisse stationärer Therapie • Burgmer/Heuft: Behandlung einer posttraumatischen Belastungssörung bei einer 71-jährigen Patientin nach einem Verkehrsunfall • Schlesinger-Kipp: »Meine Kindheit im Krieg und auf der Flucht« – Gesprächskreis mit 60- und 70-Jährigen • Tauber/Vyssoki: Alt gewordene Überlebende des Holocaust • Trobisch-Lütge: Traumatisierende Folgen von DDR-Unrecht bei heute über 60-Jährigen • Böhmer: Erfahrungen sexualisierter Gewalt im Leben alter Frauen • Hirsch: Gewalt gegen alte Menschen – aktuelle Traumatisierungen • u. a.

Heft 4-2004: Erinnern ISSN 1613-2637 • Best.-Nr. 375

Herausgegeben von Angelika Trilling
Coleman: Zur therapeutischen Bedeutung von Erinnern und Lebensrückschau • Petzold/Müller: Biographiearbeit mit alten Menschen: Erarbeiten und teilen biographischer Erfahrung • Paulsen: Gedächtnisforschung und Alter aus neurowissenschaftlicher Sicht • Muthesius/Sonntag: Menschen mit Demenz – Menschen mit Musik • Narr: Kunst als Ort der Erinnerung – Beispiele aus der Kunsttherapie mit Pflegeheimbewohnern • Schweitzer/Trilling: Von der Nützlichkeit des Theaterspiels für das Leben im Alter • Link: »Gastarbeiter im Museum – Migranten erinnern sich • Steiner: Die Pflege der Erinnerungen – Perspektiven bürgerschaftlichen Engagements für Hochaltrige • u. a.

Jedes Heft ist zum Preis von 14,90 Euro zzgl. Versandkosten erhältlich.

Als kommende Themenschwerpunkte sind geplant:
• Gewohnheit, Ritual, Zwang
• Körper
• Psychoanalyse und Altern

Psychosozial-Verlag
Goethestraße 29
35390 Gießen
Tel.: 06 41/7 78 19
Fax: 06 41/7 77 42
info@psychosozial-verlag.de
www.psychosozial-verlag.de

Bestellcoupon

Hiermit bestelle ich

☐ ___ Exemplar(e) der Zeitschrift
Psychotherapie im Alter
ISSN 1613-2637 · Euro 14,90 · SFr 25,90 (zzgl. Versand)
___ Exemplar(e) Ihres aktuellen Verlagskatalogs

Hiermit abonniere ich

☐ die Zeitschrift *Psychotherapie im Alter* im Jahresabonnement
zum Abo-Preis von nur Euro 49,90 · SFr 83,30 (zzgl. Versand)
(4 Hefte). Studierende erhalten gegen Nachweis 25 % Rabatt.

_____
Unterschrift

_____
Name/Vorname

_____
Straße

_____
PLZ/Ort

Hiermit erteile ich Ihnen eine Abbuchungserlaubnis

Konto-Nr.:

Bank:

BLZ:

Unterschrift:_____

P꧁V

Psychosozial-Verlag
Goethestraße 29

35390 Gießen